Les Animaux des quatre fenêtres

Intégrant la réflexion, les sens, les sentiments et l'imagerie

I0118210

Eligio Stephen Gallegos, Ph. D.

Moon Bear Press

Avec un avant-propos de Stephen Larsen, Ph.D., auteur de The Mythic Imagination (L'imagination mythique)

Et une préface d'Edith Wallace, M.D., Ph.D.

Les Animaux des quatre fenêtres
Intégrant la réflexion, les sens, les sentiments et l'imagerie

ISBN: 0-944164-41-2

Eligio Stephen Gallegos, Ph. D.

Traduit de l'anglais par: JJ Mercie, Tim Besserer et Heide Klingelhöfer

Comité de lecture: Françoise Verschoore, Jean-Philippe Rigaudeau et Heide Klingelhöfer
Rédaction: Tim Besserer
Réalisation: Mary Diggin
Illustration sur titre: Eligio Stephen Gallegos: *Les Animaux des quatre fenêtres*
Illustrations intérieures Régis Capron
(www.licorne-formation.com)

Moon Bear Press,
PO Box 468,
Velarde NM 87582 USA.
www.moonbearpress.com
orders@moonbearpress.com

Table des matières

Avant-propos

Ceci est un livre important. Lorsque vous aurez terminé de le lire, vous pourriez vous retrouver à remettre en question votre approche précédente par rapport à votre compréhension de vous-même, et à être tenté d'expérimenter la manière dont Steve Gallegos voit notre fonctionnement.

Vous vous verrez alors regarder par les quatre fenêtres, comme Steve vous aurait invité à le faire. C'est cela, direz-vous alors, ce sont les quatre fonctions! – Il y a bien quatre fonctions, mais tout est un peu différent, et surtout la manière de faire l'expérience de ces quatre fonctions et la profondeur de perception, de compréhension qui en résulte. Et il y a toujours des animaux à caractère sacré pour Steve. Ainsi, en face d'une fenêtre correspondant à une « fonction », vous trouverez automatiquement un animal, si vous l'invitez à se montrer.

Les animaux peuvent également faire leur apparition de manière spontanée. Il est alors temps d'engager le dialogue et d'écouter ce que ces animaux sacrés veulent nous dire (notre « nature élevée »). Steve nous démontre à quel point ceci peut être efficace.

A peine avais-je terminé de lire le manuscrit, j'ai reçu une de mes clientes qui par synchronisme s'est exprimée comme suit: « Il y a un oiseau dans la cage qui bat des ailes contre les barreaux. » Je n'ai pas répondu « que signifie l'oiseau pour vous? », mais à la place, je l'ai invitée à parler à cet oiseau, à lui demander si elle pouvait faire quelque chose pour lui. Elle fit ceci avec facilité. Les réponses furent surprenantes, inattendues. On aurait pu présumer que l'oiseau demanderait à être libéré, à ce qu'elle lui ouvre la cage. Au lieu de cela, il (c'était clairement un oiseau mâle pour la cliente) voulait qu'elle nettoie sa cage et il n'avait aucune envie de quitter cette cage. Ces réponses sont apparues de manière convaincante, exprimant une vérité plus profonde que ne l'aurait pu connaître notre conscience. Le processus engagé demandait à être poursuivi et révéla au fur et à mesure des éléments inattendus avant qu'il ne débouche sur un relâchement de tensions, sur une libération.

Steve Gallegos nous présente ainsi une nouvelle approche ainsi que la preuve de sa validité. Il donne en outre des variations par rapport aux quatre fonctions décrites par Jung, particulièrement la fonction d'intuition qu'il transforme en « imagerie ». Dans tout son travail, les images ont un rôle déterminant, sont hautement respectées et sont reconnues à leur juste valeur. Ceci signifie qu'il convient de les laisser parler par elles-mêmes au lieu que le mental leur attribue une valeur et une signification. Il en résulte une compréhension d'autant plus grande et profonde. La destination de ce processus est la plénitude et par ce biais, la libération.

Ainsi, on pourrait dire qu'il donne parole à ce qu'il y a de divin en nous, car nous renfermons ce divin qui se manifeste tout le temps, mais ne pouvons l'entendre que si nous commutons en mode de réception et arrêtons d'interférer avec notre pensée analytique – en quelque sorte, nous devons être vide pour être réceptif.

Pour faciliter ce changement de perception, Steve redéfinit le rôle de la pensée en nous. Ce n'est pas la réflexion en tant que telle qui constitue par ailleurs une des quatre fenêtres, qu'il met au pilori, mais bien la manière dont nous nous en servons. Nous transformons tout en réflexion et perdons ainsi la profondeur, le caractère sacré et par la même occasion le chemin menant à la plénitude.

On ne peut qu'espérer que ce livre soit lu par de nombreux éducateurs et psychologues afin que la nouvelle approche qu'il décrit, se transpose largement dans le quotidien. Nous sommes en face d'une vrai « révision » de la psychologie et d'une approche permettant de mieux comprendre et respecter notre profondeur.

Qu'on se le répète: ce qu'il nous faut faire, c'est écouter, regarder, faire confiance et laisser ce qui est sacré en nous s'exprimer. Nous prenons aussi une part active en ceci. Le point important est d'atteindre la plénitude en regardant au travers des quatre fenêtres, en apprenant à faire usage de ce que nous percevons avec le respect qui lui revient, en acceptant que la plénitude peut-être atteinte lorsque les quatre fonctions coopèrent entre elles.

Steve va vous donner l'explication détaillée de ceci. J'ai constaté que je n'ai pas pu faire autrement que d'être influencée par son approche s'inscrivant dans un profond respect. Et je parie que toute personne ouverte d'esprit se verra faire la même expérience.

Que puissent tous les êtres sensibles atteindre la plénitude et la liberté et pratiquer pour le bénéfice des autres.

Merci, Steve.

Edith Wallace, M.D., Ph.D.
Santa Fe, Nouveau Mexique,
Ètats-Unis
Octobre 1991

Edith Wallace a pratiqué l'analyse jungienne depuis 1951, la plupart du temps à New York et actuellement à Santa Fe, ayant travaillé en formation à New York aussi bien avec Mme Emma Jung et C.G. Jung à Zurich. Elle a également été une étudiante sous J.G. Bennett en Angleterre.

Ses séminaires de longue notoriété avec le collage, sont représentés dans « *La quête d'une reine: un pèlerinage pour l'individualisation*[1] » , publié en 1990. Il lui est arrivé à de nombreuses reprises de faire des présentations lors du congrès annuel des thérapeutes en art et a enseigné au Pratt Institute, de même qu'à la Jung Foundation ainsi qu'au Jung Institute. Elle fait partie des personnes en charge de l'Institute for Expressive Analysis et porte le titre d'editor emeritus du Journal for the Arts in Psychotherapy. Sa contribution portant le titre *Active Imagination* est parue dans l'ouvrage *Approaches to Art Therapy* édité par Judith Rubin. Ses occupations actuelles se reflètent par le biais de deux articles parus dans le journal Impressions, à savoir *De quoi a l'air le visage d'un Chaman des temps modernes* [2] et *Ce n'est pas seulement le visage*[3] .

En tant que peintre, Edith a gagné des prix.

---

1   A Queen's Quest: Pilgrimage for Individuation
2   What does the Face of the Modern Day Shaman look like?
3   It is Not Only the Face

Introduction

Le grand visionnaire Sioux Black Elk (Élan Noir) a rêvé avoir été amené dans un vaste tipi qui semblait être « aussi grand que le monde lui-même ». Sur les murs intérieurs de la demeure, tous les êtres à quatre pattes, volants et rampants étaient peints, et pourtant ils étaient tous vivants dans cette maison de l'homme médecine, lui parlant du profond mystère de Wakan Tanka, le Grand Esprit, et de la destinée de la race humaine. Les animaux, gardiens et symboles du voyage terrestre, furent ainsi révélés à l'œil du chamane en tant que présences éternelles dans l'imagination divine.

Est-ce qu'alors, nous demanderons nous, il existe une arche de Noé de l'esprit, une zone d'entités mutantes dans leur forme où l'âme humaine se transforme en milliers d'êtres aux yeux brillants, à plumes, fourrure, cornes, à bec et avec une queue, rejoignant ainsi les ancêtres pré-humains? La sphère des animaux est-elle reliée d'une manière préhistorique et mystérieuse à la sphère psychique?

Joseph Campbell a dédié le premier volume de son *Atlas historique de la mythologie mondiale, le comment des pouvoirs animalesques* [1] à ce concept. Les origines de l'imagination humaine mythologique, ainsi qu'il le démontre, remontent à la préhistoire: à la grande chasse, et à notre religion la plus ancienne, le chamanisme qui célèbre la force potentielle autant que la dimension terrestre des animaux.

Les animaux des quatre fenêtres constitue le deuxième livre de Stephen Gallegos, et il procède à l'exploration des mêmes territoires, mais au travers de la dimension psychologique au lieu de celle de l'anthropologie. Dans son premier ouvrage *Processus du Mât Totem Personnel*[2], il a décrit un mode de psychothérapie complètement nouveau basé sur sa propre expérience visionnaire où il vit le système des chakras, l'alignement de centres psychiques le long de l'épine dorsale humaine qui logent la présence d'animaux. Son activité d'éducation et de psychothérapie a depuis lors été orientée par ce même concept. Il semblerait que bien longtemps après avoir quitté et oublié notre état bestial, l'imagerie de l'écosystème animalier demeure enracinée en nous.

C'est ainsi que de nombreux héros de la mythologie et des fables, débutent leur voyage d'aventure en rencontrant un animal blessé. Toute aide consentie à ce stade du récit, dit l'analyste jungienne Marie-Louise von Franz, est toujours dévolue au héros, car l'instinct identitaire se rappelle la loyauté et l'attention humaine. Les contes magiques de toutes les parties du globe abondent de références animalières. Depuis le cheval magique qui porte le héros dans le danger – et qui le ramène toujours ensuite en sécurité – jusqu'au dragon qui garde un trésor ou les nymphes; depuis la fourmi ou la puce qui voit le petit détail que tout le monde a omis de voir, jusqu'au faucon ou l'aigle qui embrasse la vue élargie depuis le ciel: difficile de ne pas arriver à la conclusion que les animaux représentent en fait les facultés de l'âme humaine

---

1   Historical Atlas of World Mythology, The Way of the Animal Powers
2   Personal Totem Pole Process

et que le mythe ou la fable ne font en réalité que donner forme à ceci. Mais Stephen Gallegos nous fait découvrir une dimension supplémentaire permettant de comprendre mieux encore cette vérité ancestrale.

Lorsque j'ai écrit *Le pas de porte du chamane*[3] publié en 1976, inspiré par le puissant savoir-faire chamanique des sociétés traditionnelles, j'ai ressenti le besoin d'envisager un nouveau genre d'humain dont il n'existait que peu d'exemplaires à ce moment-là. Je me demandais si les prototypes allaient se trouver plutôt parmi les visionnaires, les artistes ou les psychothérapeutes ou peut-être encore une combinaison de ceci. Plusieurs années plus tard, à l'occasion d'une conférence intitulée « Terrains communs[4] » dans le Vermont, j'ai eu la nette impression d'en avoir rencontré un en la personne de Stephen Gallegos. La conférence a constitué une réunion merveilleuse d'esprits qui n'avaient jamais eu l'occasion de pénétrer le territoire des autres de cette manière: des biologistes, des écologistes, des psychothérapeutes et des artistes. En fait, tous ont fait l'expérience qu'ils étaient en train d'apprendre des choses de grande importance des autres. En particulier, le système de Stephen parût d'une simplicité déconcertante. Il commença, ainsi que je l'avais proposé dans mon modèle d'hypothèse, à parler d'une vision, celle qu'il a eue en faisant du jogging, à savoir des animaux alignés verticalement le long de sa propre psyché.

Cette vision l'a entraîné dans un dialogue intérieur; et il fit l'expérience que sa psyché, sous la forme d'animaux qu'il voyait dans sa vision, lui répondait de manière créative bien au-delà de ce à quoi il s'attendait. Le dialogue a fait gagner à sa manière d'envisager les choses, en profondeur et largeur, comme j'avais supposé que cela allait arriver.

---

3 The Shaman's Doorway
4 Common Grounds

Mais dans mon modèle, le chamane doit également partager sa vision avec les autres, en transmettant son feu visionnaire afin de guérir et vitaliser sa communauté. Stephen Gallegos avait déjà commencé à faire ceci depuis plusieurs années lorsque je l'ai rencontré. Sa pratique établie de psychothérapeute lui a donné l'opportunité de tester sa méthode sur d'autres; peut-être certains, plus orientés tradition, pourraient considérer ceci comme une démarche risquée; mais Stephen put récolter immédiatement des résultats gratifiants. Les personnes répondaient à sa méthode, constatant que guérison et régénération en découlaient. Il reçut des encouragements à présenter son approche lors de workshops et séminaires, et de former d'autres thérapeutes – tout ceci se présentant à lui à un rythme qui l'a surpris lui-même, comme si de l'aide invisible venait le soutenir. (C'est exactement ce que Joseph Campbell prédisait à ceux qui « suivent leur félicité ».) Peu de temps après, il était déjà en train de former de nombreuses personnes à cette nouvelle méthode de travail intérieur. Elle introduit les chamanes explorateurs et créatifs d'aujourd'hui à leur propre écologie intérieure profonde.

Les animaux capturent la qualité vivante de notre symbolisme intérieur – ils bougent et volent et parlent, ils ont des yeux brillants et un museau humide. Leur instinct peut être le nôtre, atrophié pendant longtemps et ignoré, néanmoins disposé à être réveillé. (A la différence de la version décrite en Sanskrit dans les textes traditionnels du Kundalini-Yoga qui attribue de manière fixe des animaux à chaque chakra, le système Gallegos connaît une permissivité allégorique – n'importe quel animal peut être hébergé par n'importe quel chakra dans un individu précis.) Ces animaux offrent-ils une restauration d'une large partie de ce qui s'est perdu dans notre monde post-Cartésien avec ses concepts formels, ses catégories et la manière dont il souligne l'importance du mode rationnel, une reconnexion avec notre propre instinct, initiative, indépendance, « le comment des pouvoirs animalesques »?

Dans ce nouvel ouvrage, Stephen Gallegos a ouvert ses fenêtres conceptuelles encore plus largement que précédemment, en y incluant les quatre fonctions ou facultés telles que traitées aussi par Carl Jung. La pensée, le ressenti et les perceptions y sont présentées de manière similaire au système jungien, mais la nouveauté permet une introspection plus créative: la quatrième fonction n'est pas l'intuition (conception de Jung), mais *l'imagerie*. (Pour Gallegos, l'intuition constitue un potentiel pour les quatre fonctions indifféremment.) L'imagerie profonde, vivante en tant que telle, tout comme les animaux, mérite mieux que d'être manipulée à nos propres fins comme c'est le cas dans certains systèmes psychologiques d'imagerie guidée, elle mérite d'être respectée pour ce qu'elle est en terme de vitalité intérieure et de sagesse.

C'est la revitalisation de l'âme humaine depuis l'intérieur qu'établit Stephen Gallegos comme but réel de son approche. Le lecteur rencontrera une prose claire et invitante, tout en rencontrant une manière nouvelle (bien qu'ancestrale) de revisiter nos esprits. Ce livre est un incontournable pour tous ceux qui sont intéressés par l'auto-exploration, l'imagerie guidée ainsi que par le travail sans fin et auto-transformateur du chamane créatif.

Stephen Larsen, Ph.D.

New Paltz, New York

Février 1991

Stephen Larsen est professeur en psychologie, psychothérapeute et il dirige le Center for Symbolic Studies, 475 River Road Exd, New Paltz, NY 12561. Il a écrit Le pas de porte du chamane (1976 et 1988), *L'imagination mythique*[5] (1989) et travaille actuellement avec son épouse Robin sur la biographie autorisée de Joseph Campbell: *Un feu dans l'esprit*[6].

---

5   The Mythic Imagination

6   A Fire in the Mind (1991, Doubleday)

Apologies

Je dois commencer par des excuses pour le caractère bref de ce livre. J'en suis arrivé à devoir faire un choix vital: je pourrais travailler encore quatre ans sur ce livre et le compléter pour qu'il parvienne à ce que j'aimerais le voir devenir, ou le publier maintenant, dans sa forme actuelle, à un moment que je considère comme étant vital pour la direction que prend le monde. J'ai choisi maintenant.

Comme je le considère comme incomplet, je prie d'excuser tous les passages dans lesquels je ne fais qu'indiquer des possibilités au lieu de bien développer la vision de manière plus ample et invitante.

Je prie le lecteur de m'excuser pour mon style d'écriture alors que j'aurais pu prendre du temps à l'embellir et l'amplifier.

Je prie de m'excuser tous les enseignants et auteurs dont j'ai tiré parti pour ce livre tout au long des années, sans que je ne les mentionne dans la bibliographie, soit par omission involontaire soit à cause de ma mémoire défaillante.

Et je vous prie de m'excuser pour toute mauvaise interprétation involontaire qui pourrait nuire à l'avancement de la bataille que livre l'humanité, déjà sous ce poids immense que représente la survie dans nos cultures actuelles sans cesse changeantes et dénigrantes.

Je souhaite m'excuser en particulier auprès des excellents enseignants dont moi-même et d'autres ont profité, concernant mon approche du sujet de l'éducation dans ce livre. J'y parle comme si l'éducation était pleine de limites et congelée. Ce que je cible en fait, c'est l'éducation institutionnalisée, lorsqu'elle a perdu sa dimension humaine, qu'elle répond à des règles excluant la reconnaissance de l'individu dans sa plénitude et son être mystérieux, dans sa créativité émergente. Je n'ai que de la grande admiration pour les vrais enseignants, ceux qui sont demeurés vrais par rapport à leur propre humanité, ceci quelquefois dans des circonstances les plus ardues.

Un mot encore. Ceci est un livre personnel. Ce n'est pas une revue de la littérature académique et ne prétend même pas l'être. Il est composé principalement d'expériences et de prises de conscience personnelles, soit rapidement griffonnées en passant lors d'un voyage, soit retranscrites sur mon ordinateur lorsque je m'y asseyais aux heures du petit matin.

J'écris tôt. Je me lève quelque part entre 1 h. et 4 h. du matin et me rends à mon pupitre pour y rester jusqu'à ce que quelque chose me sorte de ma concentration, d'habitude ma fille qui se réveille.

Mon intention est de continuer à remplir ce livre. L'amplifier, le nourrir, l'augmenter et de manière générale l'enrichir jusqu'à ce qu'il soit ce que le lecteur mérite. Je le publierai alors en deuxième édition. Jusqu'à ce que ce soit le cas, je vous l'offre avec les excuses humbles d'un artisan qui manque de temps.

Préface (édition française)

Depuis des années nous avons appris la séparation entre science et spiritualité. Du moins nous croyons que la séparation est là. Mais en effet la séparation se trouve à l'intérieur de nous même, de chacun de nous en particulier.

Pendant une longue période nous avons avancé à l'aveuglette en direction de l'éducation de nos enfants.

Nous n'avons pas confiance en leur propre contentement, en leur propre point de vue, en particulier le point de vue de leur individualité, de ce qu'ils préfèrent, de ce qu'ils aiment faire. Nous sommes tous nés avec des talents particuliers, des aptitudes, des inclinations, des intérêts et des dimensions de se spécialiser.

Et au lieu d'aider nos enfants à découvrir ces facettes à l'intérieur d'eux-mêmes, nous insistons pour les livrer à l'usine dite éducation, en les exposant tous à quelque chose de   semblable, les ennuyant à mort en les forçant à tenir un rythme et une structure plus logique que « bio-logique » et leur demandant leur attention pour bien des choses prescrites et ensuite les voyant déficients pour ne pas vouloir ou ne pas pouvoir être attentifs.

Le prix est assez élevé: ce sont leur âmes. Nous leur demandons d'obéir au préjudice de leur plénitude.

Et ce n'est pas obéir à une chose meilleure ou plus chère ou plus précieuse, c'est obéir à une structure peu généreuse, qui n'est pas faite pour la nature humaine. La séparation entre science et spiritualité n'est pas une séparation extérieure, ce n'est pas une séparation entre deux sujets.

C'est une séparation intérieure profonde, fondée sur la séparation des modes de connaissance particulièrement humains. Nous forçons une séparation entre connaissance à travers la pensée et les sens d'une part, et la connaissance à travers les sentiments et l'imagerie d'autre part.

La science est fondée sur la collusion entre réflexion, particulièrement réflexion logique, et sentiment, en particulier d'une dimension mesurable. Ce sont les deux chemins de la connaissance, qui ont produit la méthode scientifique.

Mais la spiritualité est fondée sur la connaissance par la sensation et l'imagerie, particulièrement l'imaginaire qui naît des sphères les plus profondes de l'imagination. Il existe une dimension dynamique entre sensation et imagerie, qui fût presque perdue, une dimension avec un mouvement naturel vers l'équilibre et la plénitude.

Nous entrainons nos enfants à ignorer, supprimer, dénier et craindre cette connaissance qui naît par sensation et imaginaire profond.

Nous les séparons de cette dimension dont la fonction naturelle est de connaître l'univers comme endroit spirituel, eux-mêmes inclus. Nous leur avons interdit de se comprendre comme être spirituel, dans la mesure où nous contrôlons le temps et les thèmes disponibles pendant les études scolaires. Là-bas il n'y a pas de temps pour le développement de l'esprit.

Et ensuite nous sommes étonnés que nos villes deviennent de plus en plus inhabitables, que notre gouvernement soit corrompu, que l'avidité soit devenue le premier trait caractéristique de notre âge moderne.

Quand je parle des choses spirituelles, je vous demande de ne pas les confondre avec les choses religieuses.

La division entre l'église et l'état est une bonne affaire. Mais elle ne doit pas être comprise dans le sens division entre école et esprit! Nous avons vécu des périodes historiques pendant lesquelles la spiritualité a été généralisée par différents groupes et organisations. Et nous avons appris à croire qu'être spirituel entraine des relations avec un des ces groupes et l'obéissance à leur diktats. C'est une notion fausse de la spiritualité. La spiritualité entraine le retour vers son propre esprit; cet endroit à l'intérieur de nous même, où l'univers et l'individuel sont profondément unis l'un à l'autre. La spiritualité n'est pas dépendante d'un système de dogmes, ou de l'entretien du particulier par des modèles.

Ce sont des projets déformés qui guettent le besoin humain d'appartenir à une famille, un groupe, une tribu.

Appartenir est un besoin très profond. Il a des racines anciennes. Il provient du besoin d'être né près du sein de la mère tribu. Le sein de la mère était adoucissement, nous protégeait, nourrissait et élevait, nous tenait tendrement au chaud et nous offrait un battement du cœur signifiant la sécurité elle-même.

Il y a tant d'années, nous étions nés dans un petit groupe de personnes, un peuple qui nous saluait comme un être nouveau, comme participant éventuel parmi ses membres . Ils étaient d'accord pour nous protéger, élever, nourrir et partager des sentiments. Par eux nous avons senti et appris un sentiment de relation. Nous n'étions pas seul.

Nous étions partie prenante de cette tribu qui nous protégeait.

En grandissant nous nous retrouvions, reflétés par des individus différents et toutes nos facettes étaient touchées par une sorte de connaissance.

Ce sein de la mère tribu nous permettait de grandir et d'apprendre en sécurité jusqu'à la maturité pour ensuite prendre notre place parmi eux, une place respectée pour accomplir une fonction particulière.

Et le tambour de la tribu, autour duquel les cérémonies étaient organisées, se transformait en battement de la mère tribu.

Les cérémonies étaient le moyen d'apprendre ensemble que nous étions une tribu – une expérience bonne et équilibrée. Je parle ici d'une situation idéale qui n'existe plus.

Aujourd'hui nous trouvons seulement une part brisée de cette tribu, qui de plus dans bien des cas en occident ne consiste qu'en un adulte seulement, qui ne peut jamais espérer fournir ces dimensions que la tribu aurait pu dispenser.

Par conséquent l'enfant doit beaucoup trop tôt prendre soin de lui-même, il doit assumer la responsabilité de se protéger, il doit développer des tactiques afin d'obtenir le peu qui reste de l'amour et de l'affection de la tribu, ou éventuellement de quelques personnes seulement.

Ce modèle développé beaucoup trop tôt, devient rigide et difficile.

Il est essentiel pour notre survie mais il entraine de se charger des responsabilités qui auraient dû être assumées par les adultes matures dans notre monde, ainsi nous sommes obligés se simuler la maturité trop tôt et le modèle devient une coquille, qui éventuellement limite notre croissance.

Ou bien aussi quand nous passons par ces processus de croissance et de transformation, la coquille doit céder la place à quelque chose plus grand, et si la coquille est particulièrement fragile, il est possible qu'elle éclate et tombe en ruines. Parce que nous n'avons pas le bon sens de la dimension de transformation pendant nos vies, ce processus de changement devient une chose étrange que l'on appelle une maladie, une maladie mentale.

La mémoire des sentiments, un besoin non accompli pendant le premier âge, reste avec nous et nous amène à rentrer dans des organisations qui prétendent accomplir le besoin non accompli depuis longtemps.

D'habitude elles réclament notre obéissance. Récemment nous avons traversé une période historique, où sans cette obéissance les dirigeants de ces organisations présumaient pouvoir de bon droit torturer et tuer les désobéissants.

L'obéissance fût tellement étendue, que les organisateurs présumaient nous prescrire de quoi parler ou pas, à quoi réfléchir ou pas, et éventuellement quoi imaginer ou non. Sans parler des actions spécifiques, qui devaient être exécutées sur demande à certains endroits. Mais l'exclusion de la communauté, être « excommunié », fût l'ultime punition. De pareilles punitions sont encore employées dans les écoles.

Si l'étudiant ne se « conduit » pas correctement, ils est renvoyé de la classe ou même renvoyé de l'école, souvent au demeurant la seule communauté disponible pour l'enfant. Cette punition a ses racines dans la peur d'être exclu du sein de la tribu. Radicalement, c'est une forme sociale d'avortement.

Mais ne nous laissez pas confondre la spiritualité avec la religion! Elles ne sont pas identiques, bien qu'il soit faisable pour un individu religieux d'être spirituel ou bien pour un individu spirituel d'être religieux.

Les normes d'obéissance et de conformité elles-mêmes ne doivent pas être confondues avec la spiritualité. Mais ici nous devons comprendre aussi la notion de plénitude. Un individu « entier » est toujours spirituel, parce que la spiritualité est une part de la plénitude. Mais un individu spirituel n'est pas forcément entier.

Souvent les gens se tournent vers la spiritualité pour diminuer ou fuir les douleurs de leur environnement ou de leur enfance. Une telle spiritualité est toujours une fuite. L'individu reste polarisé et généralement assez rigide et pharisien. C'est sa façon de survivre. C'est plus une tactique qu'une dimension spirituelle.

D'habitude on trouve ces individus plutôt difficiles à accepter à moins que l'on ne soit pas en collusion avec eux par les sentiments de relations.

Les quatre modes de connaissance

Nous sommes tellement habitués à nous mouvoir dans le domaine de la connaissance au travers de l'optique de la pensée que nous nous retrouvons tout étonnés quand nous venons à réaliser qu'il n'existe en fait que quatre modes d'acquisition des connaissances. La surprise provient dans un premier temps du fait qu'il n'existe que quatre modes (ou sources) de la connaissance. Ensuite, en réalisant à quel degré nous avons été confinés dans la réflexion *au sujet de la connaissance* au lieu d'explorer ces modes. En dernier lieu, en faisant la rencontre de l'immense étendue de la connaissance et de sa plénitude ultime.

Les quatre modes de connaissance sont: la pensée, les sens de la perception, les sentiments et l'imagerie. Oui, je sais. Si vous êtes de l'école jungienne, le quatrième vous paraît étrange. Jung, lorsqu'il évoquait les quatre fonctions de la conscience, appelait la quatrième l'intuition. Et pourtant il y a de bonnes raisons de la rebaptiser l'imagerie.

Jung était dans une situation particulière en ceci qu'il disposait aussi bien d'une forte intuition que d'une capacité d'imagerie très prononcée. En plus, son intuition, donc son aptitude à reconnaître les choses au-delà du moment présent et des circonstances qui l'entouraient, sans qu'il y ait d'indices concrets, lui venait au travers de son imagerie. Ainsi, il n'est pas étonnant qu'il n'ait pas fait la distinction entre les deux. Il apparaît clairement que le but de sa vie était d'aider l'humanité occidentale à retrouver l'imagerie comme mode de connaissance valable.

Mais il existe d'autres personnes pour qui l'intuition arrive au travers d'une des autres fenêtres de la connaissance. Ma propre fenêtre de l'intuition est celle des sentiments. Parmi les belles expériences que je retiens de mon activité de deux ans en psychothérapie, figure l'apparition de certains sentiments qui me sont venus lors de la première rencontre avec certains clients. Il m'est arrivé d'être persuadé de certaines choses à leur sujet sans qu'une seule parole n'ait été échangée ou qu'il existe quelque élément concret qui me les aurait indiqués. Ces choses se sont vérifiées plus tard, certaines fois des mois plus tard, au cours de nos rencontres successives. Probablement qu'il n'existe pas de meilleure opportunité pour vérifier son intuition au cours du temps. J'ai une amie proche pour qui l'intuition arrive par la fenêtre de la pensée. Elle a fréquemment des pensées intuitives au sujet des clients qu'elle accompagne dans son travail. Et j'ai un autre ami pour qui l'intuition arrive par les sens. C'est une personne qui adore la vie dans la nature et s'y sent complètement chez elle.

Il est vrai que pour beaucoup de personnes, l'intuition arrive par la fenêtre de l'imagerie. Mais ceci peut aisément s'expliquer par le fait que nous avons brimé en même temps l'intuition et l'imagerie dans notre culture. Après tout, il n'existe pas de cours de formation appelé « intuition ». Par contre, nous avons suivi des cours spécifiques à des manières de raisonner, par exemple « mathématiques », qui par ailleurs excluent l'intuition comme dimension valable.

La pensée

Nous n'avons pas créé la culture dans laquelle nous vivons, nous en avons hérité. Cette culture comporte des lois qui nous imposent d'être formés consciencieusement au mode de connaissance qui s'appelle la pensée. Ceci n'est pas explicité, nous appelons ceci simplement « éducation », mais elle est structurée principalement d'après le mode de connaissance que nous appelons la pensée. Si votre propre mode de connaissance principal venait à ne pas être la pensée, vous ne vous porteriez pas aussi bien dans cette formation qu'une personne dont c'est le mode de connaissance dominant. Et si pour vous ce sont les sentiments qui sont votre premier mode de connaissance, alors vous allez passer un mauvais quart d'heure. Tout au plus allez vous pouvoir suivre un cours de musique, s'il y en a un, mais l'endroit où vous vous sentez le plus à l'aise, celui des sentiments, ne sera jamais au centre. Si votre mode de connaissance principal est l'imagerie, on vous traitera de rêveur ou encore de fainéant. Peut-être trouverez vous un cours d'art (ou de littérature ou encore de poésie si ces matières sont bien enseignées) où vous sentir à l'aise, du moins jusqu'au moment où il s'agira d'obtenir des notes. Si votre mode de connaissance principal réside dans les sens, alors il y a des chances que vous vous en sortiez mieux. Si vous êtes en bonne forme physique, alors vous aimerez faire du sport, et si vous avez une préférence pour des activités à l'intérieur, il y a les sciences.

Et si vous avez une intuition particulièrement bien développée, veillez à être prudent. On va vous demander de démontrer comment vous êtes arrivé au résultat juste, ceci en suivant un déroulement logique de l'absence de connaissance à la connaissance. S'il vous arrive de simplement *savoir* la réponse, sans pouvoir démontrer comment vous avez suivi la logique, alors on vous traitera de menteur ou de tricheur. Ainsi, vous vous porterez mieux en cachant votre intuition, pour mieux survivre.

Ceci est la formation qu'il vous est légalement demandé de suivre. Ce qui n'a rien à voir avec qui vous êtes ou vos penchants et intérêts. Cette formation va être supervisée par une personne (souvent une femme) qui elle-même est supervisée systématiquement par une autorité dont les membres veulent s'assurer qu'on ne les accusera jamais d'avoir été irresponsables.

Cette formation est tellement systématique qu'elle va absorber la majeure partie de chacun de vos jours pendant au moins *douze ans* de suite. Il se peut que vous soyez fortement frustrés par cette formation, car elle provoquera la perte de votre plénitude et vous n'aurez probablement aucun moyen pour exprimer cette perte. On vous enseignera que ce sont des personnes influentes, vos parents et enseignants, qui vous demandent ceci et qu'ils n'ont à cœur que votre bien-être et votre prospérité.

Cette exagération démesurée de la pensée au détriment des autres modes de connaissance, fait partie de notre héritage culturel. Si au moins cette formation à la pensée portait sur l'usage approprié de la pensée, il y aurait au moins partiellement un justificatif. Mais il n'en est rien. Nous passons le plus clair de leur temps à enseigner aux enfants non pas *comment* penser, mais *quoi* penser. Nous leur inculquons des manières de réfléchir que nous leur demandons ensuite de régurgiter sur demande. Nous leur demandons de répondre à certaines questions d'une manière précise, sur demande, et leur apprenons qu'ils sont un peu incompétents s'ils ne le font pas. Et surtout nous ne leur permettons pas de développer leur propre capacité à explorer et questionner d'une manière qui serait nourrissante et organique.

Le pire est que nous leur imposons un système de croyance qui les domine pour le reste de leur vie. Ce système de croyances devient la carte d'après laquelle ils s'orienteront durant leur courte existence. Ce système de croyance prétend décrire la structure de la réalité, la raison de leur venue jusqu'à leur destinée et tout ce qui se trouve entre deux. Ce système de croyance devient une activité tellement prenante – car il doit être continuellement renouvelé afin de continuer d'exister – qu'il empêche rapidement les pensées de s'aventurer dans l'imagination, l'émerveillement et l'expérience de l'impressionnant. Les enfants en viennent à fonder leur (manque d') humanité l'un envers l'autre en se fondant sur ce système de croyance, l'invoquant pour déclarer la guerre et ravager la terre. Ils s'y réfèrent pour former leur compréhension de ce qu'ils sont. Ce système de croyance est doublement limitatif: pour définir qui ils sont, mais aussi pour définir qui ils ne sont pas.

En forçant constamment nos enfants à s'expliquer verbalement, non pas pour décrire ce qui leur est arrivé, mais pour justifier leur action de manière logique et ultimement pour justifier leur existence, le verbe devient le substitut sur lequel repose leur identité dans la communauté.

La connaissance au travers de la pensée est le mode qui nous absorbe le plus de temps et d'énergie, à nous les humains. C'est la dimension de nous-même avec laquelle nous nous identifions le plus. Nous l'utilisons pour y fixer notre identité sociale, en la substituant ainsi à l'*expérience* de qui nous sommes. Nous avons tellement été entraînés à nous concentrer sur la pensée que nous tendons à perdre de vue les autres modes de connaissance, ceux qui ne nous différencient pas autant les uns des autres ni de nos frères les animaux.

Si le mode de la connaissance au travers de la pensée était enseigné de manière *appropriée*, il comporterait également un pan sur ses limites inhérentes. On y parlerait du fait que certaines personnes peuvent se perdre dans les pensées, et comment la pensée peut obstruer la voie vers l'expérience et la découverte. On y trouverait une description de la vraie relation entre la pensée, les sentiments, les sens et l'imagerie au lieu des distorsions actuelles.

De manière culturelle, nous avons mis sur pied de vastes structures pour asseoir et développer les différents chemins dirigés qui sont ceux de la pensée. La réflexion représentant l'institution sociale de la langue et de l'écrit (les images de la langue), nous a fourni une foule d'attitudes, de comportements et de cartes de la « réalité » qui nous pétrifie, aussi bien individuellement qu'en tant que collectif, dans un moule.

Nous établissons des jugements négatifs sur les autres cultures selon leur degré d'utilisation des images plutôt que des mots. Et nous exigeons de nos enfants qu'ils passent la plus grande partie du temps où ils sont malléables, à acquérir et pratiquer les outils et schémas de pensées. Nous sommes tellement axés sur la réflexion que nous en venons à admirer le plus les personnes qui en présentent les derniers développements.

Tout en relevant les problèmes issus du recours exagéré et du mauvais usage de la pensée, je n'entends pas pour autant en perdre de vue sa valeur remarquable. La réflexion nous a permis d'établir une approximation et des spéculations sur l'immensité du facteur temps qui a précédé et qui va suivre le moment présent. L'être humain semble être la seule créature à même de faire ceci. La pensée nous permet d'observer l'organisation de ce qui est extrêmement petit aussi bien que de ce qui est infiniment grand, l'atome et l'univers. Au travers de la pensée, nous sommes capables de voir l'organisation et la structure de manière incomparablement plus précise qu'au travers des trois autres fenêtres.

Nous disposons de merveilleux récits établis par les meilleurs conteurs qui aient jamais existé. Cette littérature vaste et fort appréciable nous permet d'établir une relation avec des personnes que nous n'avons jamais rencontrées et avec des événements dont nous n'avons jamais fait l'expérience.

Finalement, c'est la pensée qui nous a rendu possible l'établissement d'un réseau de communication permettant de connaître l'humanité: les téléphones, la radio, la télévision, les télécopieurs, les films et les ordinateurs. Tous ces moyens de communication ont permis, avec un développement fulgurant durant le temps de ma vie, d'avoir plus de compassion et pouvoir répondre de manière plus immédiate aux appels à l'aide et à la souffrance de nos frères et soeurs. Mais cela nous a également rendu capables d'être plus efficaces dans nos destructions.

Par essence même, la pensée implique la dissection, l'étiquetage et l'établissement d'une relation entre deux parties par comparaison. Comme mode de connaissance, elle dépend hautement du langage. Pour cette raison, la pensée est le seul mode de connaissance qui est presque entièrement acquis, développé et transmis de génération en génération.

Les autres modes de connaissance se caractérisent par des dimensions importantes qui échappent à toute description du point de vue de la pensée. Mais du fait que le langage constitue notre mode central de socialisation, il devient difficile pour les autres modes de connaissance, de se faire valider dans nos sociétés. Notre culture occidentale nous a obligés à accepter que la pensée constitue la meilleure manière de connaître, souvent en mélangeant et confondant pensée et connaissance, et en ne permettant les autres modes de connaître qu'aux interstices où ils coïncident avec la pensée.

L'abus de la pensée comme mode de connaissance, intervient typiquement quand celle-ci est alimentée continuellement par un système de réflexions, plus précisément quand la pensée est utilisée afin de maintenir un système de croyance. Un tel système de croyance, afin d'être complètement valable, doit être juste. Autrement dit, il doit décrire l'univers en processus. S'il décrit l'univers de manière incorrecte, par contre, il va entrer en collision avec les autres modes de connaissance et va s'efforcer de dominer ces autres modes afin de maintenir le système de croyance en place. La principale difficulté que rencontre notre système de croyance actuel qui est basé sur la science, réside dans le fait qu'il présume de manière erronée accéder aux connaissances qu'on ne peut acquérir qu'au travers de deux autres fenêtres, celles des sentiments et de l'imagerie. Cette erreur provient de la pensée sur les sentiments et l'imagerie au lieu de l'expérimentation directe des sentiments et de l'imagerie. Ainsi, c'est la pensée qui constitue le filtre et cherche, en tirant les conclusions au sujet des sentiments et de l'imagerie, à maintenir le système de croyance en place.

Il se peut que le but ultime de tout système de croyance soit de maintenir une identité, une description de qui nous pensons être. Une telle description ne pourra refléter qu'en partie qui nous sommes réellement. Ainsi, le principal dommage découlant d'un système de croyance est celui d'exclure des aspects de la réalité qui sont primordiaux pour notre plénitude.

Les sens

Les sens sont le mode de connaissance qui a engendré une grande confusion. Non pas parce que ce mode en lui-même induirait en confusion, car il est vital et essentiel. Au travers de cette fenêtre, nous faisons l'expérience de manière immédiate et directe de l'immense beauté de l'univers des sens, du nombre incommensurable d'images, de sons, de goûts et odeurs, de touchers doux et tendres qui nous rapportent la diversité infinie de ce lieu où nous sommes nés.

Cette fenêtre s'ouvre également sur des aspects vitaux, sans elle nous ne survivrions pas. Elle nous permet de réagir immédiatement quand notre vie est en péril et de nous diriger vers un emplacement où nous trouvons réponse à nos besoins afin de continuer à vivre.

Elle nous permet d'accéder aux dimensions que nous pouvons voir, entendre, goûter, sentir de manière olfactive et par le toucher, d'accéder de manière immédiate au monde *objectif* qui nous entoure.

En fait, la confusion au sujet des sens prend sa racine dans la conjonction entre la pensée et la perception des sens, plus précisément quand nous commençons à penser que l'univers auquel nous accédons au travers de nos sens, constitue l'univers réel. Alors que ce n'est que la surface de la réalité. Ce sont les sentiments et l'imagerie qui nous donnent accès aux profondeurs de la réalité.

Nous en sommes venus à vivre dans un monde théorique issu de notre propre création où on nous enseigne que ce qui est objectif est réel et que ce qui est subjectif est à mettre en doute ou entre parenthèses. Une telle croyance a pour conséquence que nous accordons plus de valeur à ce qui nous parvient par l'intermédiaire de la fenêtre des sens, qu'à ce que nous pouvons percevoir et connaître au travers des fenêtres des sentiments et de l'imagerie. Ce livre cherche à remettre ceci en équilibre.

Les sentiments

Le monde des sentiments a été peu compris parce que nous avons cherché à le comprendre au lieu d'en faire l'expérience.

J'ai eu la chance d'être né dans une culture ancienne où les sentiments avaient au moins autant de valeur que la pensée. Mais j'ai été formé dans le mode de connaissance au travers de la pensée par une culture différente. Le conflit naquît lorsque la formation subie a commencé à m'imposer la compréhension que les sentiments avaient moins de valeur. Donc, j'ai commencé à cacher mes sentiments aussi bien que je pouvais le faire, tout en continuant à accorder une grande valeur au ressenti.

Les sentiments constituent la fenêtre des *énergies* qui nous guident dans nos mouvements physiques ou émotionnels. Nous avons tendance à concevoir les sentiments comme n'impliquant que des émotions, mais ces dernières ne constituent que les points culminants ou les dépressions les plus fortes de ce qui est en réalité un paysage continu, les points les plus extrêmes qui se prêtent à être décrits sous forme de mots.

Les sentiments constituent un mode pour connaître les émotions et les énergies qui se trouvent dans notre environnement et auprès d'autres personnes. C'est la dimension qui permet de connaître les « vibrations » et qui donne du relief ou du goût à un évènement. C'est la dimension au travers de laquelle on accède souvent à une perception immédiate, une connaissance sans autre point de rattachement, où aucun autre élément sensoriel ne vient suggérer cette évidence. C'est la dimension du sentiment *réceptif.*

Les sentiments constituent un mode pour connaître les émotions et les énergies qui se trouvent dans notre environnement et auprès d'autres personnes. C'est la dimension qui permet de connaître les « vibrations » et qui donne du relief ou du goût à un évène-ment. C'est la dimension au travers de laquelle on accède sou-vent à une perception immédiate, une connaissance sans autre point de rattachement, où aucun autre élément sensoriel ne vient suggérer cette évidence. C'est la dimension du sentiment *réceptif.*

Mais les sentiments constituent également le moteur d'une action. C'est de notre énergie que nous faisons l'expérience à ce moment-là. Quand elle est forte, soit elle nous poussera vers quelque chose soit elle nous en éloignera. Le mouvement pour-ra être plus fort que notre logique ou notre capacité à réfléchir. Nous rencontrons beaucoup de problèmes à essayer de mettre en cohérence les sentiments et la logique, parce que nous avons été formés aux écoles qui nous enseignent à vénérer la pensée et à dénigrer les sentiments. Le défi, c'est de permettre à la réflexion de se remettre en relation naturelle ou saine avec les sentiments au lieu de chercher à dominer le ressenti et à le contrôler. La pensée a été entraînée à ne pas faire confiance à la connaissance au travers des sentiments. De nombreuses fois, il m'est arrivé de travailler en thérapie avec des patients qui cherchent, lorsqu'un sentiment très fort émerge, à le contenir et le garder sous contrôle jusqu'à ce qu'ils en « connaissent » la raison. La pensée doit apprendre que les sentiments ont la mémoire plus longue et plus profonde qu'elle-même, et que le ressenti sait déjà pourquoi il se trouve là. La pensée peut apprendre à faire confiance au ressenti et il peut être suffisant de « comprendre » le comment du pourquoi plus tard.

Si nous nous éloignons de nos sentiments, nous divorçons de l'énergie, de notre faculté d'être « vivant » et devenons relativement déprimés. De s'immerger complètement dans nos sentiments revient à pouvoir être complètement à l'écoute. Ceci est difficile, car les sentiments peuvent être en partie douloureux, et notre culture nous apprend à diminuer et éviter la douleur. Au lieu de la prendre comme moment d'apprentissage en l'accueillant pleinement.

Une autre raison pour laquelle nous avons de la peine avec les sentiments, se trouve dans la continuité. Vu que l'énergie est par nature continue et qu'il n'existe pas d'endroit où elle ne se trouve pas, les sentiments ne nous permettent pas de faire clairement la distinction entre ce qui nous appartient et ce qui ne nous appartient pas, ce qui est le moi et ce qui est « les autres »; ceci à cause de cette continuité, ce flux ininterrompu qui engendre cette absence de distinction. Et ceci correspond à une réalité, car permet de connaître quelqu'un d'autre instantanément sans l'avoir rencontré au préalable. C'est évidemment dans cette dimension que naît l'amour.

Le fait que le ressenti perçoive la continuité de toute énergie, constitue également une raison pour laquelle la pensée rencontre des problèmes avec ce domaine et en particulier à refléter des sentiments. La pensée fonctionne en séparant, en traçant des limites et en procédant par distinction. Alors que l'énergie, le ressenti est fluide et se prolonge d'un sentiment (même extrême) à l'autre. Le langage ne peut donc plus se suffire à lui-même dans une telle dimension, il n'y est pas adéquat.

Culturellement parlant, nous sommes pour l'essentiel des illettrés dans le domaine des sentiments. Vu qu'ils sont invisibles, nous rencontrons de nombreux problèmes avec notre approche au travers des mots. De manière caractéristique, nous recourons à des métaphores pour nous aider. Par exemple, être blanc de rage (par référence au phénomène extérieur visible). Le ressenti est bien plus subtil que la pensée, et comme le langage est l'outil de la réflexion, il n'est pas assez fin pour dépeindre les sentiments. Qui plus est, réfléchir à l'aide du langage, nous entraîne (au propre et au figuré) loin des sentiments. La salle de classe est un endroit où le ressenti est étroitement limité; si un écolier ou un étudiant a une émotion forte, il sera très probablement éloigné de la classe. En tout cas, ce n'est certainement pas l'endroit où nous nous voyons encouragés à entrer en relation directe avec nos sentiments et les explorer. Nous avons également été formés (au propre et au figuré) à nous concentrer sur ce qui peut être facilement nommé et décrit. Il en résulte que ce qui n'est pas facilement descriptible, va constituer une dimension inconfortable de l'état conscient.

Le ressenti se rapproche plus d'une odeur que d'un objet. Il a des nuances subtiles, ne peut être vu et pourtant est issu d'une source qui,de plus, peut ne pas être présente. Un sentiment peut émerger à n'importe quel moment même inattendu, et peut être inconfortable tout en étant délicieux. Il peut demeurer en suspension dans l'air d'un lieu où il a été particulièrement intense. Nous aurons tendance à ne pas en parler à moins que le sentiment fût agréable. Certaines personnes sont plus réceptives que d'autres en la matière. Certaines personnes semblent perdre leur sensibilité aux sentiments alors qu'ils prennent de l'âge. Quand un sentiment est fort, il va inévitablement nous pousser vers sa source ou nous en éloigner. Vu que le sentiment n'est pas visible, nous n'en percevons que les effets. Il peut rester en suspension dans un endroit alors même que d'autres en dénieront l'existence. Il peut évoluer pour atteindre un sommet d'intensité avant de diminuer à nouveau. Il peut voyager en entourant une personne ou un évènement. Nous sommes bien plus détendus dans une atmosphère amicale que dans un contexte de ressenti inamical, nous nous sentons plus à l'aise quand nous ressentons des ondes agréables que quand ce sont des perceptions de danger.

Le ressenti transgresse les frontières ordinairement en place de la pensée, étant invisible et continu; comme mode de connaissance, il se voit d'habitude enfermé dans une camisole de force tôt durant la vie. Les parents pratiquent de manière prépondérante le mode de connaissance au travers de la pensée, vu qu'ils sont intégrés dans la culture environnante, et ceci est la première interface que l'enfant rencontre à sa naissance dans ce monde. Ainsi, l'enfant qui arrive avec toutes ses fenêtres ouvertes pour apprendre, se heurte au système de croyance de ses parents, et est poussé à procéder à sa première adaptation pour entrer en adéquation. Souvent, la mère va garder la fenêtre des sentiments ouverte pour suivre ses enfants, mais ceci n'est guère le cas de la part des autres personnes.

Les sentiments étant invisibles, bien des gens ont appris à cacher leur ressenti et à se comporter comme s'il n'existait pas. Ceci vaut tout particulièrement pour les sentiments relatifs à la colère et au sexe, mais probablement aussi pour les autres sentiments en fonction des personnes, de la culture et des circonstances. L'enfant, confronté à une situation où les paroles ne sont pas en adéquation avec les sentiments, sera confus et en fin de compte apprendra à ne plus parler de ses sentiments. Et si cela lui arrive avec un parent qu'il aime, il commencera à douter de son propre ressenti et, par amour pour son parent, à croire aux paroles de ce parent en lieu et place de ses propres sentiments.

De cette manière, l'oeil des sentiments se ferme peu à peu. Si nous rencontrons un ressenti intense, nous allons chercher à l'éliminer au lieu de nous poser la question de ce qu'il est venu nous dire. Nous réfléchissons à son sujet et cherchons à « l'interpréter » au lieu de le consulter directement. Ceci vaut particulièrement quand le sentiment est douloureux. Nous aurons tendance à fermer encore plus l'oeil du ressenti au lieu de l'ouvrir complètement afin de nous aider à nous guider.

Parmi les gens qui viennent à mes consultations, beaucoup ont la peau pâle. Mais après une heure ou deux de rencontre et visite avec leur imagerie et leurs sentiments, ils retrouvent vigueur et couleur. Souvent, un thérapeute recevant un nouveau client rencontre le grenier des sentiments refoulés dû au fait que l'oeil des sentiments a été refermé. Car quand nous nous sommes fermés à un ressenti, l'énergie de ce dernier demeure, ficelée et en attente du moment propice où arrivé à maturité, il pourra à nouveau se manifester. Quand l'oeil est à nouveau ouvert, les vieux sentiments resurgissent pour être ressentis pleinement, quelque fois de manière explosive. Lorsque nous en faisons l'expérience, revient aussi la capacité de se mettre à l'écoute des sentiments issus du moment présent. Quand ceci nous arrive, nous nous sentons comme si nous recouvrions la capacité de voir après avoir été aveugles.

L'imagerie

Le mode de connaissance avec lequel nous avons rencontré le plus de difficultés dans notre culture est la connaissance à travers l'imagerie. Nous demeurons dans cette idée confuse que connaître au travers de l'imagerie n'est un mode de connaissance valide que s'il coïncide avec la perception sensorielle. Cette orientation a été marquée par John Locke, qui soutenait que seules les choses ayant été emmagasinées par nos perceptions pouvaient se retrouver dans notre tête. Ce n'est que des siècles plus tard que Carl Jung nous a fait accepter l'imagerie profonde, ce qu'il appelait « l'inconscient collectif », comme étant quelque chose avec lequel nous sommes nés, comme quelque chose qui préexiste à toute perception.

Nous souhaitons, sur ce point, procéder à une distinction. Il existe bel et bien une imagerie qui reflète et imite le monde des perceptions sensorielles. Nous pensons que les bribes de vécu de l'enfance dont nous avons gardé la mémoire, sont comme les choses se sont réellement passées. Nous méconnaissons le fait que notre mémoire a enregistré les évènements fortement empreints du filtre des sentiments qui y étaient rattachés. De même, une partie de l'imagerie se trouve sous le contrôle de la pensée: il nous est possible d'imaginer certaines choses si nous en avons la volonté. Un architecte par exemple, peut se représenter la structure qu'il va ensuite construire. Ceci a amené certaines personnes à conce-

14

voir que *toute* imagerie fonctionne de cette manière. Et que toute imagerie qui ne fonctionnerait pas sur demande, est déviante. Ils sont convaincus que toute imagerie reflète une perception de ce qui a été expérimenté préalablement et que seule l'imagerie qui est générée par la pensée est valide.

Et puis, il y a la fantaisie. La fantaisie répond à un besoin dont l'expérience n'a pas pu ou que partiellement pu être faite au travers de nos sens. Si nous ne pouvons pas être près de la femme que nous aimons, alors nous allons essayer de satisfaire ce besoin en nous projetant des images d'elle. Ou, si nous sommes en train de mourir de faim, nous rêvons de nourriture. Dans ces circonstances, l'imagerie est un substitut afin de combler une lacune, un besoin non assouvi.

Mais c'est la dimension de l'imagerie profonde, aussi appelée imagerie archétypale, ou encore inconscient collectif, qui est la plus mystérieuse et la plus éloignée de qui nous pensons être. C'est l'imagerie qui surgit spontanément si on l'y autorise. Elle se distingue de ce que j'appelle l'imagerie « de consommation », l'imagerie qui peut être commandée sur demande. Certains livres sur l'imagerie n'évoquent que cette imagerie-là, en partant de l'hypothèse erronée que c'est au travers de cette imagerie de consommation que nous créons notre monde. Bien que le recours à cette sorte d'imagerie puisse très bien engendrer un effet sur notre corps, ce que nous faisons en fait, c'est principalement de consolider une illusion, de pétrifier notre capacité à percevoir .

L'imagerie profonde, à l'opposé, nécessite une volonté de découvrir un monde qui ne nous est pas encore connu, et une disposition à laisser nos propres dimensions évoluer et grandir à partir des interactions développées avec ce nouveau monde.

L'imagerie profonde connaît sa propre intégrité. Bien que nous soyons tentés de la traiter, de la contrôler et de la manipuler comme que nous sommes habitués à le faire avec les perceptions sensorielles, nous devons nous rappeler qu'elle est vivante de par elle-même, qu'elle a sa propre intelligence et qu'elle est organique par essence, en lien étroit avec les parties de nous-même dont notre être est issu. Nos tentatives de la contrôler ont souvent pour effet qu'elle se retire de notre conscience, au point que nous pouvons perdre de vue le fait même qu'elle existe. Ou quelquefois elle va se rebeller en demandant que lui soit donnée la place qu'elle mérite au sein de notre conscience. De toute manière, le temps est venu de commencer à la respecter et à la laisser nous enseigner à son sujet.

L'imagerie profonde est le mode de connaissance privilégié pour connaître les totalités. Elle émane de ce qui est complet et se définit par relation à ce qui est complet. La connaissance au travers de l'imagerie est le domaine primaire du chamane qui y trouve un mode de connaissance fondamental, antérieur à la connaissance acquise au travers de la pensée et des perceptions et qui transcende également ces dernières, même si l'imagerie, la pensée et les perceptions se recoupent dans une certaine mesure.

Les domaines couverts par l'imagerie et les perceptions sont largement différents. La connaissance acquise au travers des perceptions se rapporte à l'extérieur, à ce qui nous permet de nous adapter et de survivre. La connaissance au travers de l'imagerie est la connaissance de l'intérieur, et en lien avec le fait de grandir, guérir et atteindre la plénitude. Il est évident que sans survie, il ne peut y avoir guérison ou développement. Néanmoins, notre souci de survivre en est venu à interférer avec la guérison et le développement. Il est essentiel de restaurer l'équilibre.

Découvertes dans le domaine de l'imagerie

C'est en 1982, alors que je travaillais comme psychothérapeute dans une petite communauté de l'Oregon, que j'ai découvert qu'il y avait des animaux dans chaque chakra de notre corps. Cette découverte eut lieu au travers d'une étrange séquence d'évènements dont j'ai fait part dans *Le Mât Totem Personnel*[1].

Immédiatement, j'ai commencé à explorer ces animaux au cours de ma pratique thérapeutique et j'ai découvert qu'ils étaient à même de guérir des blessures de longue date d'ordre émotionnel chez des personnes qui me consultaient, et qu'en ceci, les animaux procédaient à la guérison de manière dynamique et avec grâce.

Le contact avec les animaux intervient lorsque je permets aux clients de se relaxer et ensuite de rediriger leur attention sur leur imagerie profonde. Je leur demande ensuite de se concentrer plus

---

1   E.S. Gallegos: The Personal Totem Pole: Animal Imagery, the Chakras and Psychotherapy, Moon Bear Press, 1987, 2ème édition 1990, 3ème édition 2012.

particulièrement sur leurs centres d'énergie (chakras), l'un après l'autre, et d'inviter un animal à s'y présenter à chaque fois. Ce processus se doit d'être entrepris avec une attitude de découverte ou de novice et non pas en présumant du résultat. Cependant, quand un client pense avoir une idée de quel animal va apparaître, le plus souvent c'est un autre animal ou une autre créature qui surgit et insiste sur le fait que c'est bien elle qui est à la bonne place et qu'elle a le droit d'y rester.

Qui plus est, ces animaux ont validé la théorie classique orientale des fonctions des différents chakras, ceci indépendamment du fait que les personnes en faisant l'expérience avaient ou non des connaissances sur les chakras et leur théorie; par exemple, une blessure d'amour apparaissait sous forme d'une blessure de l'animal au cœur, des difficultés dans la communication allaient se manifester comme une contrainte sur l'animal de la gorge, etc.

En outre, j'ai découvert qu'en travaillant de manière directe avec les animaux, en veillant à leur bien-être et en les nourrissant, tout changement qui intervenait à leur sujet se répercutait de manière identique sur le bien-être de la personne elle-même. En fait, sur une certaine durée, les animaux savaient exactement comment amener la personne à vivre à nouveau dans la plénitude de son potentiel.

Les Chakras

Chakra est un terme sanskrit dont la signification littérale est « la roue », mais au sens figuré il se réfère à un centre d'énergie dans le corps, essentiellement une roue d'énergie mouvante, ou peut-être une de ces roues qui nous font avancer dans la vie.

Il existe sept chakras primaires le long de l'axe du corps et on a l'habitude de les numéroter en partant du bas, du périnée au sommet du crâne.

Le premier chakra est situé au périnée à la base de l'épine dorsale, là où les jambes et le pelvis se rejoignent. Sa fonction classique réside dans l'enracinement dans la terre, dans la description de sa relation à la terre, l'attitude que nous adoptons quant à notre manière d'être dans ce monde ou encore face à la sécurité.

Le deuxième chakra, situé dans l'abdomen ou le ventre juste en dessous du nombril, se rapporte d'ordinaire aux émotions et à la passion.

Le troisième chakra se place dans le plexus solaire et constitue le centre du pouvoir, non pas du pouvoir par la force, la contrainte ou encore la manipulation, mais le pouvoir d'agir avec précision sur le moment. Par comparaison, si le deuxième chakra venait à être représenté comme un moteur dans un véhicule, le 3ème chakra serait alors le volant pour donner la direction. Pour cette raison, certaines personnes se réfèrent au deuxième chakra comme étant le chakra du pouvoir. En fait, tous les chakras sont des centres de pouvoir, chacun ayant une sorte de pouvoir particulier.

Le quatrième chakra se situe au sein du cœur et reçoit l'énergie de l'amour et de la compassion.

Le cinquième se place dans la gorge et sa fonction est celle de la communication et de l'expression.

Le sixième, auquel on donne aussi la dénomination de « troisième œil », est situé dans le front et se rapporte à la pensée et à l'intuition, ou à la capacité de voir au-delà du moment présent.

Et le septième, aussi appelé le chakra « coronal », se trouve tout en haut du crâne et contient l'énergie de son esprit.

Ces chakras sont placés à certains points déterminés au niveau physiologique, certains d'entre eux étant mis en relation avec des aspects traditionnels de la culture occidentale, par exemple le cœur est le centre de l'amour, les intestins l'endroit pour les émotions, la gorge pour la communication et le front pour la pensée. Et bien sûr, sur la tête la couronne de lumière pour la religion catholique.

Les animaux que j'ai découverts dans les chakras sont venus confirmer la compréhension classique hindou. Néanmoins, alors que la pratique spirituelle ordinaire pour le développement de ces énergies consiste à les amplifier au travers de la méditation ou d'autres pratiques de dévotion, les animaux ont rendu évident le fait que ceci ne devait pas exclure les autres chakras, mais au contraire les inclure tous pleinement et de manière harmonieuse.

D'ordinaire, les autres méthodes pour explorer les chakras ne permettent pas d'aller au-delà d'une expérience qui dans le meilleur des cas, sera subtile. Quelque fois, l'introduction aux chakras est statique et dictatoriale. Dans certaines orientations, les personnes doivent voir une couleur particulière pour chaque chakra au lieu d'être invitées à découvrir quelle couleur s'y trouve réellement. Une autre approche consiste à fixer une image symbolique. Certains textes hindous et taôistes montrent un animal spécifique pour chaque chakra, comme si un animal particulier y était figé de manière constante.

Les animaux que j'ai été amené à rencontrer et avec lesquels j'ai travaillé, ont donné un accès immédiat aux chakras de manière différente et forte. Par exemple, en faisant l'expérience de l'abdomen, il se peut qu'on rencontre une douleur indistincte qu'il est difficile de garder en ligne de mire; alors qu'en voyant un léopard noir dans une cage, furieux et enfermé, l'impact est bien plus immédiat et compréhensible.

Ou, de manière tout aussi importante, quand nous en sommes réduits à constater que nous n'avons pas de sensations pour un des chakras, nous ne pouvons pas faire grand-chose si ce n'est continuer à nous concentrer sur cette absence de sensation. Alors qu'en allant à la rencontre d'animaux, nous pourrions très bien voir une caverne vide à l'endroit du chakra, et les autres animaux pourraient aller à la recherche de l'animal manquant, ou même savoir où il se trouve. De toute façon, les animaux permettent d'accéder et travailler avec les centre énergétiques, de manière précise et interactive.

Le pouvoir du Concile

Les animaux me sont apparus de manière spontanée alors que je faisais mon footing. L'après-midi touchait à sa fin et la pénombre était en train de se poser sur la ville en dessous de moi. Alors que j'étais en train de dévaler la pente, occupé par mes pensées de la journée, j'ai soudainement vu l'ours dans mon cœur et l'aigle qui volait dans mon front. J'ai immédiatement regardé mes autres chakras et ai découvert un cheval blanc galopant dans ma gorge, une baleine nageant dans la mer de mon ventre et un lapin qui faisait du jogging à côté de moi à même le sol. L'animal dans mon plexus solaire était un chevreuil. Ils étaient en train de m'accompagner alors que je rentrais de mon footing en direction de la maison.

L'une de mes premières réactions, outre mon étonnement, a été de demander à ces animaux de se rencontrer. J'ai été surpris de constater que la plupart d'entre eux, ne se connaissaient pas. Ils se sont mis en cercle. Alors qu'ils se regardaient mutuellement, Lapin, mon animal terrien, a tout de suite commencé à dire aux autres comme il se sentait faible et petit en leur présence, à quel point il avait peur d'eux car ils étaient tous grands et forts. Il a ajouté qu'il ne se sentait pas faire partie d'eux et qu'il voulait partir.

Alors que le lapin parlait, je me suis soudainement rappelé quand j'avais cinq ans. J'avais tout juste commencé l'école après plusieurs semaines passées au jardin d'enfant (préscolaire). Ma mère qui était enseignante de 3ème, m'avait bien préparé pour l'école. Je savais déjà compter et lire quelques mots. J'avais du plaisir à étaler mes connaissances. Un jour, tout à-coup, la maîtresse vient à moi et me dit: « Tu es trop intelligent pour être ici. Tu devrais vraiment être en 1ère année », sur quoi elle m'a pris par le bras et m'a amené, traversant un long corridor, dans la salle de 1ère. En maternelle, c'était une classe de douze enfants, mais en première, je me retrouvais parmi une trentaine d'élèves, tous plus grands et plus âgés que moi. Alors que je m'asseyais sur ma chaise de 1ère année, je me sentis minuscule, hautement inadéquat et infiniment seul. Tout ce que je voulais, c'était me lever et partir, mais je n'osai pas.

Je réalisai à ce moment, que ce sentiment de non appartenance ne m'avait plus quitté depuis ce jour. Dans chaque classe que j'ai suivie depuis lors, primaire, secondaire, collège, université et travail post-doctorat, j'ai été à chaque fois pris par ce sentiment que pour une raison ou l'autre, je n'appartenais pas à ce groupe; que je devrais le quitter sans jamais comprendre pourquoi.

A ce moment, chacun de mes autres animaux s'est tourné vers le Lapin pour lui dire à quel point il l'appréciait et l'aimait. Ils lui ont également dit qu'il faisait sans le moindre doute partie d'eux, qu'il en constituait un élément indispensable et qu'il appartenait à ce groupe. Le Lapin a été très touché par leur gentillesse et leur acceptation. Ils lui ont tous promis leur aide et l'ont invité à grandir pour devenir leur égal. A ce moment, le Lapin s'est mis à grandir et à grandir, jusqu'à atteindre une hauteur de 3 mètres environ. Les autres animaux ont fait un pas un arrière et l'ont admiré dans cette nouvelle splendeur. Le Lapin devint très calme, car n'ayant plus peur, et développa un sentiment de profonde appartenance.

Alors que Lapin était en train de grandir et grandir, j'ai fait l'expérience du fait que mon propre sentiment de non appartenance, d'être petit et faible, commençait à diminuer et disparaître. A peu près au moment où Lapin atteignit sa grandeur complète, ce vieux sentiment qui m'avait accompagné si longtemps, avait complètement disparu de mon corps. Ce n'est qu'à ce moment-là que j'ai réalisé à quel point j'avais été habité continuellement par ce sentiment.

Je pus dès lors sentir la stabilité de Lapin. Il n'était pas particulièrement actif et certainement pas agressif, mais était complètement libéré de toute peur. Je ressentis une très forte reconnaissance pour Lapin ainsi que pour l'aide que les autres animaux avaient pu lui donner.

Je ressentis également un sentiment nouveau de facilité en moi. Et dès lors, je me sentis également bien plus ancré dans ma propre vie et constant dans mes entreprises.

Dès le lendemain, j'ai commencé à explorer l'existence des animaux de chakras avec mes clients au sein du petit centre thérapeutique où je travaillais. J'ai été surpris de constater avec quelle facilité les animaux apparaissaient auprès de ces personnes qui n'étaient absolument pas habituées à l'imagerie, et surpris de la puissance qui en émergeait. Ils travaillaient avec aisance mettant à jour et guérissant des blessures émotionnelles de longue date. Ces animaux en savaient bien plus sur le statut de mes clients que moi-même, et également bien plus que les clients eux-mêmes. Ils avaient de l'humour, de la compassion et une grande gentillesse tout en travaillant avec le client vers sa guérison.

Cette rencontre avec les animaux a changé ma vie et son orientation. Depuis ce moment, j'ai été occupé à faire rencontrer aux gens leurs animaux de chakra, les aidant à réunir le Concile et entrer dans une relation appropriée avec les animaux. J'ai conduit des centaines de séminaires et formé de nombreux individus dans l'utilisation de cette approche.

Les animaux et les circonstances qui les entourent, reflètent de manière spécifique l'état de chaque chakra; ceci permet d'évaluer immédiatement les principales dimensions énergétiques d'un individu. Il y a plusieurs années, j'ai reçu un appel d'un homme à qui on avait donné mon adresse. Il décrivit sa situation: il avait un mal de tête intense depuis deux semaines sans trouver quelque moyen que ce soit pour le diminuer. J'ai été d'accord pour le voir immédiatement, vu que sa situation apparaissait comme sérieuse. A son arrivée, je lui ai demandé ce qui s'était passé deux semaines auparavant. Il me dit que son épouse s'en était allée avec leurs deux enfants, vivre auprès de sa mère. Il commença à dire que c'était de sa faute, qu'il savait qu'il aurait dû la traiter autrement. Une fois que j'ai pu l'amener à se relaxer du mieux qu'il pouvait, je lui ai demandé de regarder dans son cœur et d'inviter un animal à s'y montrer. Je m'attendais à voir apparaître un animal fort mal en point, et ai été fort surpris d'entendre qu'un cerf y broutait paisiblement dans une clairière. Chaque animal des chakras suivants apparaissait calme et content jusqu'à notre arrivée au front, où une pieuvre essayait désespérément de tenir tous les éléments ensemble avec ses bras. Elle souffrait d'horribles douleurs. J'ai suggéré à cet homme de demander aux autres animaux s'ils voulaient bien venir en aide à la pieuvre afin qu'elle ne soit pas seule à tenir le tout ensemble. Ils s'y déclarèrent prêts et vinrent à l'endroit où se tenait la pieuvre, sur quoi celle-ci lâcha prise. Le mal de tête disparut immédiatement, et en fait l'homme était choqué en constatant cette disparition soudaine. Lors de suivis successifs par téléphone durant les semaines suivantes, il apparut que l'homme avait repris ses activités et que le mal de tête n'était plus réapparu.

Cet exemple démontre que d'habitude, l'endroit d'un symptôme spécifique est localisé rapidement et que c'est souvent l'effort conjoint des animaux du Concile qui permet d'obtenir l'éradication du problème de santé, la guérison ainsi que le développement de la personne.

Je me dois de souligner que les animaux constituent bien *plus* qu'une simple métaphore des chakras. Ils ont leur propre vie. Ils peuvent agir et se transformer. Et leurs agissements déterminent notre développement et notre bien-être. Ils deviennent une source remarquable d'aide interne et de sagesse qui nous soutient durant des temps difficiles. Quand nous les consultons, ils nous aident à garder en ligne de mire notre développement et notre plénitude. Notre relation avec eux est vitale. Il nous incombe de veiller à leur bien-être.

Les animaux des sens

En conséquence, j'ai été amené à rencontrer d'autres animaux. Il existe un animal pour chaque sens, pour les yeux, les oreilles, l'odorat, le goût et le toucher.

Diane Timberlake s'était proposée pour me reconduire à l'aéroport de San Francisco après un séminaire que j'avais conduit à Mill Valley. En route, je lui avais dit que j'étais convaincu qu'il existait un animal pour chaque sens. Alors que nous étions assis en attendant à l'aéroport, elle m'a suggéré de m'accompagner en voyage intérieur pour aller découvrir les animaux des sens. J'ai fermé les yeux et suivant sa guidance, je suis parti à la rencontre de ces animaux. Dans chacun de mes yeux, volait un aigle. Les deux aigles se déplaçaient à haute vitesse en tandem. Dans mes oreilles, un seul lapin s'était niché calmement à écouter tout ce qui se passait autour de lui. L'animal de l'odorat était un éléphant scrutant le monde autour de lui à l'aide de sa trompe.

Alors que les chakras sont des modes d'action ou de pouvoir, les sens sont des modes de réception. Les animaux des sens nous montrent notre interaction entre les différents sens, leur état d'intégration et quelquefois les soucis hérités du passé.

Il est évident que les sens ont été créés pour fonctionner ensemble, mais il n'est pas inhabituel que des animaux différents se trouvent dans chaque oeil, parfois tellement différents l'un de l'autre qu'ils ne peuvent pas habiter sur le même territoire et donc qu'ils ne peuvent même pas se rencontrer dans un premier temps. Il arrive néanmoins que lors de la première rencontre l'un avec l'autre, ils se fondent l'un dans l'autre pour devenir un nouvel animal. Ceci peut se passer notamment en conjonction avec la résolution d'un ancien dilemme ou conflit au sein de la personne.

Un homme avec une longue histoire de dépression et d'autocritique, découvrit que dans son oreille droite se trouvait non pas un animal, mais Moïse (un des principes fondamentaux dans le travail avec les animaux réside dans la liberté de laisser émerger toute image qui se présente, même si on avait fait appel à un animal et que c'est une autre image qui apparaît. Ce phénomène d'émergence d'une autre image qu'un animal, est comparable au fait de recourir à un mot étranger lorsqu'on cherche à décrire de manière précise un concept spécifique pour lequel aucun terme n'existe dans sa propre langue). Ce Moïse donnait des commandements à l'homme. Celui-ci reconnut la voix de Moïse comme étant celle qui l'avait continuellement critiqué dans le passé, une voix à laquelle il s'était identifié pour une bonne partie de sa vie. L'homme dit à Moïse qu'il n'aimait pas la critique constante. Moïse lui répondit que l'homme savait qu'il se porterait mieux s'il l'écoutait lui, Moïse. L'homme reconnut que c'était le cas mais rétorqua qu'il n'appréciait pas la manière exigeante qu'avait Moïse lorsqu'il plaçait ses conseils. A ceci, Moïse répondit qu'il serait heureux de communiquer avec l'homme de toute manière qui lui conviendrait (à lui l'homme). Celui-ci demanda alors que Moïse lui parle de manière gentille et encourageante. Moïse se déclara d'accord. L'homme devint suite à cela, moins exigeant avec lui-même et sa dépression diminua.

Nous apprenons des animaux sensoriels s'il y a eu blessure à un stade précoce qui se rapporte aux sens. Des situations traumatiques ou blessantes ont été engrammées au niveau de l'organe sensoriel touché et la perception de l'évènement a été altérée afin de protéger l'enfant. Le système sensoriel efférent, à savoir le système de retour d'information depuis le système nerveux central vers l'organe sensoriel lui-même, peut tout seul accomplir une telle modification. Ce filtrage apparaît alors dans l'animal sensoriel. Le développement d'une relation avec ce dernier, constitue le chemin le plus court dont j'ai connaissance, pour guérir des blessures, éliminer le filtre et réaligner l'organe sensoriel avec les informations non tronquées.

Animaux de polarité

Il existe également des animaux reliés aux polarités naturelles au sein de notre corps: les animaux pour les moitiés droite et gauche, pour le devant et l'arrière du corps, le haut et le bas, l'intérieur et l'extérieur. Ces animaux caractérisent parfois des conflits habitant l'individu, et le conflit peut alors être résolu en travaillant avec les animaux et la relation entre eux.

Bien d'autres polarités ont été explorées, entre autres les animaux du masculin et du féminin, du juste et du faux, du bien et du mal, de la vie et de la mort, de son identité et de son opposé.

Autres animaux

D'autres animaux ont été explorés ou sont apparus, notamment pour chaque organe, pour les différentes émotions ainsi que pour différentes activités ou concepts: pour la créativité, pour l'état de mort, pour l'état d'être. Lisa Dickson a effectué des travaux importants sur l'animal du système immunitaire. Dr René Pelleya a quant à lui, travaillé sur l'animal de la dépendance et avec des animaux pour différentes maladies.

Au cours d'un séminaire, un après-midi une participante a exprimé son souci relatif à l'asthme qu'elle avait. Je lui demandai si elle serait disposée à appeler en elle l'animal de l'asthme. Lorsqu'elle le fit, un petit animal poilu apparut. Sur mon incitation, elle demanda à l'animal s'il voulait bien lui montrer les images de ce qui était arrivé lorsqu'il était apparu pour la première fois. La femme se vit immédiatement en tant qu'enfant, quand ses parents se disputaient fréquemment entre eux. Elle vit que lorsqu'elle commençait à avoir de la peine à respirer, ses parents arrêtaient de se disputer pour s'occuper d'elle. L'animal poilu lui dit que ceci avait été sa manière de résoudre le conflit entre ses parents et depuis lors, tous ses conflits.

La participante dit ensuite à son animal poilu qu'elle n'avait plus besoin de porter de responsabilité dans la relation entre ses parents, qu'elle voulait aborder ses propres conflits de manière différente dorénavant et demanda ensuite à son animal s'il voulait bien partir. L'animal lui répondit qu'il était disposé à la quitter, qu'il n'avait plus de raison pour rester et il disparut. A la grande surprise de la participante, elle fit l'expérience d'une forte diminution de ses symptômes, sur le champ. Six mois plus tard, elle rapporta avoir continué dans son rétablissement et ne plus recourir à la médication pour l'asthme qu'en de rares occasions.

Le Chat,

Régis Capron

Les quatre fenêtres

En 1986, un petit groupe de personnes qui étaient intéressés par mon travail, me demanda de les former, ce que je me déclarai disposé à faire. Ils avaient déjà eu l'occasion de rencontrer les animaux de leurs chakras sous ma guidance et d'expérimenter à quel point ces animaux étaient des alliés dans leur développement et leur évolution vers la plénitude.

C'est lorsque je me suis préparé à cette première formation que j'ai commencé à réfléchir sur la façon de leur présenter l'imagerie profonde et sur la façon de la différencier des autres modes de connaissance. C'est à ce moment que j'ai entamé les réflexions en quoi se distingue l'imagerie des pensées, par exemple, ou des sens ou encore des sentiments.

Ce ne fut qu'ultérieurement que je me suis rappelé les quatre fonctions de la conscience selon Jung: la pensée, le sentiment, la sensation et l'intuition. Je devins curieux par rapport à l'intuition, étant convaincu que le quatrième mode est l'imagerie et non l'intuition. Je relus donc l'ouvrage de Jung *Types psychologiques*. Il m'apparut alors que chaque fois que Jung parlait du contenu de l'intuition, il mentionnait l'imagerie. Par exemple, il dit: « *La fonction primaire de l'intuition...est de simplement transmettre des images, ou des perceptions quant à la relation entre objets, cette transmission ne pouvant pas être effectuée par d'autres fonctions ou que de manière très approximative.ð[1]*»

Commençant à réfléchir sur les quatre modes de connaissance dont nous disposons, je les vis de plus en plus comme des fenêtres au travers desquelles nous pouvons connaître l'univers et qui nous permettent d'interagir avec lui. Chaque fenêtre est unique en son genre. Chacune peut révéler des choses que les autres ne peuvent pas, et elles sont toutes indispensables pour parvenir à un contact entier avec l'univers et à une expérience pleine de notre état comme êtres vivants.

Je me suis ensuite demandé si par hasard il y avait un animal pour chacune des fenêtres. L'idée m'intrigua et je décidais d'y consacrer un peu de temps dès le lendemain pour l'explorer.

Néanmoins, le mode de connaissance au travers de l'imagerie n'avait pas envie d'attendre jusqu'au jour suivant et m'a fourni un « lancement » durant la nuit.

Le Rêve

Cette nuit-là, j'ai été réveillé par un rêve d'une telle intensité que je me suis levé pour le consigner.

---

1   C.G. Jung: *Psychological Types*, Volume 6 of the Collected Works of C.G. Jung, Princeton University Press, 1921; cité à partir de The Portable Jung, Viking 1971, p. 221. Jung parle de l'intuition comme étant « la fonction de la perception inconsciente » (ibid. p. 220). L'intuition peut en réalité découler du fonctionnement en interaction de tous les modes de connaissance, ce qu'on peut comparer à la perception de la profondeur qui résulte de l'usage des deux yeux de manière simultanée au lieu de la vue par un seul oeil ou des deux yeux en alternance. L'intuition serait alors principalement une profondeur de la connaissance qui émane de l'harmonie des quatre modes conjoints, et en tant que tel pourrait apparaître plus ou moins dans n'importe lequel de ces modes en fonction de son degré d'alignement.)

Rêve: nuit du 27 au 28 février 1987

Nous sommes arrivés au sommet de la montagne. Il faisait très froid. Sur la crête, nous avons été fort impressionnés en découvrant un tigre aux dents de sabre, très grand, ainsi qu'un âne ou une mule très vigoureux. Les deux étaient gelés et momifiés, apparemment de longue date. Le tigre était couché sur le dos avec les grandes dents en sabre qui s'élevaient dans les airs. Les deux animaux semblaient s'être entretués lors d'une bagarre, ou s'être battus jusqu'à l'épuisement.

Nous avons ramassé quelques lourdes branches qui avaient apparemment été apportées pour faire du feu. J'ai trouvé un bâton doublement entaillé (en fourche). Il m'apparut plus approprié de l'utiliser avec l'entaille vers le bas.

Animaux des quatre fenêtres

Le jour suivant, je me suis retiré dans un local où j'étais sûr de ne pas être dérangé. Je me suis détendu et suis parti à la recherche de mes animaux pour les quatre fenêtres de connaissance.

Le premier animal que j'ai rencontré, était une fourmi. Elle avançait de manière continue sur ce qui aurait pu être une ligne droite, s'arrêtait lorsqu'elle rencontrait une autre fourmi et la touchait d'une façon très limitée et délicate. J'ai senti immédiatement que ceci était mon animal de la pensée. Puis soudainement, mon aigle est apparu, piquant vers la fourmi et la mangea. Ceci m'a complètement surpris. L'aigle avait été le premier animal à m'apparaître, émergeant du sixième chakra, dans mon front. Je réalisai alors que mon aigle était également mon animal de la pensée. La fourmi était la manière dont je pensais au sujet de la pensée. En fait, ma pensée avait été bien plus directe, claire et puissante que je ne l'avais conçu. L'aigle me dit alors que c'était lui qui était responsable du fait que le travail que j'avais développé sur l'imagerie animale, avait rencontré du succès. Que c'était au travers de la pensée que j'étais à même de communiquer au sujet de l'imagerie animale, pour commencer, et que c'est en réfléchissant qu'il m'était venu l'idée de regarder si en plus de l'aigle, il y avait d'autres animaux en moi, et ensuite que c'était encore à cause de la pensée que j'avais rencontré les animaux des sens, de la polarité et finalement ceux des quatre fenêtres. Aigle me dit encore que je devais apprendre à mieux respecter la pensée et réaliser l'immense étendue des dimensions dans lesquels elle m'emportait.

Puis, Aigle me demanda de grimper sur son dos et il m'emporta avec lui; ce fut la première fois que j'étais amené à voler avec lui. Il me devint évident qu'il m'emmenait vers les trois autres modes de connaissance, sans qu'il veuille me dire au préalable par lequel nous allions commencer.

Nous avons atterri dans la jungle et immédiatement, un éléphant apparut, me chargeant tout en poussant des sons forts de sa trompe. Il était grand et puissant, s'approchant de moi à une vitesse incroyable. En fait, il courrait tellement vite qu'il ne put s'arrêter quand il m'eut atteint et qu'il continua sa course sur environ 3 mètres. L'éléphant continua à pousser des gémissements de crainte, comme s'il était à l'agonie. Je me sentis surpris par sa puissance et compris que c'était ma manière de connaître au travers des sentiments.

Aigle me demanda de devenir l'éléphant. Après quelques hésitations, j'acquiesçai et me fondis dans l'éléphant. J'ai été envahi par la douleur immense qui habitait l'éléphant. Tout son corps était rempli de douleur. J'ai également réalisé quelle puissance habitait cet animal. Comme il était lourd, sa solidité, la capacité de ses défenses et comment sa peau était relativement épaisse. Alors que j'étais en lui, l'éléphant commença à taper ses pattes contre le sol et à renverser des arbres. Tout à-coup, mon père apparut. L'éléphant l'a attrapé et l'a écrasé au sol. Après cela, l'éléphant se calma et je vins à réaliser que ses pattes avant étaient écorchées, qu'il avait été formaté à un haut degré et que ces souffrances avaient été pour la plupart infligées durant ma jeunesse. Que c'était un animal qui pouvait sentir de manière très sensible avec sa trompe et entendre très bien avec ses grandes oreilles.

Je me suis extrait de l'éléphant, lui enlevai les morceaux de bois qui se trouvaient encore sur ses pattes avant et les pansai. Puis il leva la patte avant gauche et je vis qu'une épine y était logée. Mais en l'examinant plus attentivement, je m'aperçus que ce n'était pas une épine, mais une pointe profondément encastrée sous la patte. Elle y avait été plantée de manière volontaire. J'ai extrait la pointe et mis un peu de pommade sur la blessure. L'éléphant se coucha alors et je lui fis un soin complet, en commençant par les pattes, puis en le lavant et le brossant en entier, en finissant par le sécher et polir ses défenses et ses ongles. Ce n'est qu'à ce moment-là que j'ai réalisé que c'était une femelle, bien qu'elle ait émis des sons avec la vigueur d'un éléphant mâle.

Puis je me trouvais brusquement sur un chameau. D'abord je me suis dit que l'éléphant s'était transformé en chameau, mais je vis que l'éléphant était toujours là, couché de côté et ne se portant pas très bien en apparence. Le chameau était plutôt timide, mais très endurant. Il me portait avec aisance. Il était fort et se mouvait avec une assez grande précision et dignité. Je me suis souvenu que les chameaux étaient des animaux de transport dans des caravanes et à quel point ils sont à même de porter des fardeaux lourds. Il me parut qu'un des modes fondamentaux pour un chameau, était de résister et de se rétracter. Je fis le lien avec ma propre propension à me retirer des relations. Je me suis souvenu comment je résistais aux demandes de mon père quand j'étais enfant, bien qu'en apparence je me conformais. Alors, je descendis du chameau et le brossai avec une étrille. Ce chameau était un mâle.

Aigle me suggéra alors que le chameau et l'éléphant se fondent l'un dans l'autre. D'abord, l'éléphant ne voulait pas, mais ensuite fut d'accord. Au moment où les deux convergèrent, ils se transformèrent en tigre.

Aigle suggéra ensuite que je devienne ce tigre. En m'introduisant dans le tigre, je réalisai à quel point il était unifié. Tout son corps pouvait ressentir de manière précise ce qui se passait autour de lui. Alors que les corps du chameau et de l'éléphant semblaient être spécialisés d'une certaine manière, le tigre, lui était agile, multi couleur, camouflé; il pouvait se mouvoir sans le moindre bruit, grimper sur des arbres, attendre sans bouger, sauter avec puissance. Ses épaules étaient fortes et ses sens aiguisés. Il était à la maison dans la jungle, et personne ne le dominait. Cela donnait un sentiment très agréable. J'étais reconnaissant du fait que le chameau et l'éléphant avaient été essentiels pour ma survie, et le tigre était comme l'héritier digne de leurs capacités tout en y ajoutant la sienne consistant à pouvoir s'intégrer facilement.

Sur cela, Aigle s'envola puis revient, comme chassant devant lui une sorte une horde de différents animaux, tels que des moutons, antilopes et peut-être des cerfs. C'était tous des animaux vivant en troupeau, pour la plupart blancs, mais je ne les distinguais pas clairement; ils étaient comme sous moi. Je me dis que les sens n'ont eux-mêmes pas d'image, un oeil nous permet de voir, mais ne voit pas lui-même. A ce moment, je vis que sous moi se trouvait une méduse dans les profondeurs aquatiques, un peu semblable à celle que j'avais vue à l'Aquarium de Monterey, presque transparente, d'une luminosité fabuleuse par contraste avec le fond de la mer foncé, subtile, extrêmement sensible, avec une délicatesse et une grande précision de structure. Je réalisai que sur terre, sur la plage, elle a l'air d'une bulle sans forme, sans forme particulière ni autre signe distinctif. Mais dans son propre environnement, la méduse est incroyablement belle. C'était mon animal des sens.

Ensuite, Aigle m'emporta vers un immense dragon, mon animal de connaissance au travers de l'imagerie. Il venait de se relever après avoir été mis sous terre. Il y avait des pans de terre entiers qui collaient encore à sa peau, avec des villages et tout ce qui va avec. Alors qu'il se secouait pour faire tomber tout cela de sa carapace, je réalisai qu'il avait porté le tout. L'imagerie est la fondation. Quelque soit le monde que nous voyons, il nous parvient par l'imagerie. Elle est antérieure à tout. Elle porte tout. Même la perception des sens est fuyante et délicate, comme une méduse. C'est l'imagerie qui relie le tout et qui lui donne présence et persistance. Le dragon était incommensurablement en vie. Je ne parvins pas à le voir en entier, le reste de son corps était couvert par le monde extérieur. Le dragon me demanda simplement de le respecter. Ce que je fais.

Je voulus ensuite explorer la relation entre ces animaux et voir comment ils pouvaient s'entendre, mais Aigle m'indiqua que le moment pour cela n'était pas encore venu et que cela aurait lieu à une autre occasion.

Suite à cette visualisation, je vins à réaliser qu'un conflit que j'avais porté en moi depuis l'âge de quatre ans, s'était estompé. A l'âge de quatre ans j'ai été fouetté sévèrement par mon père, car j'avais fait quelque chose qui avait été très dangereux pour ma vie. J'avais couru sur une autoroute importante en tendant les bras, comme je l'avais vu faire par des policiers qui guidaient le trafic en ville. Bien que je me sois sorti de la situation sans la moindre égratignure, car la voiture s'était arrêtée, les coups infligés, après, par mon père ont laissé des blessures importantes. Cela m'a rempli d'une rage intense qui m'a fait craindre de pouvoir faire quelque chose de vraiment destructif. Mon père me demanda aussi qu'à partir de ce jour, je lui obéisse au doigt et à l'oeil. Ceci eut pour conséquence qu'à son contact, et depuis lors sous toute autorité, je me sentis fortement emprisonné, particulièrement pour tout ce qui touchait à l'expression spontanée ou à l'action. Ces qualités étaient ressorties clairement à partir de l'intensité de la rage de mon éléphant, et dans les hésitations du chameau. Depuis qu'ils s'étaient unis, je ne ressentais plus ce conflit dans ma vie.

Le lendemain, je suis retourné à la rencontre de ces animaux. Aigle (la pensée) m'a tout d'abord emmené auprès du dragon (imagerie) qui était toujours en train d'émerger de l'encroûtement de tout ce qu'il avait porté à sa surface. Il était particulièrement vif et ondulant. J'ai été surpris par le fait qu'Aigle m'emmène d'abord vers lui, et encore plus quand ensuite il me fit retrouver la méduse (les sens). Méduse vint retrouver Dragon. Ce dernier semblait intimidé par Méduse, d'abord même en se retirant. Méduse se lança sur Dragon et finit par l'engloutir. Dragon se sentit honoré par ceci, comme s'il revenait à une relation naturelle avec Méduse qui était devenue une gaine lumineuse entourant Dragon. Ils étaient devenus ensemble une créature indéfinissable. Dragon semblait être à son aise au milieu de Méduse qui elle-même semblait avoir gagné en consistance avec Dragon en son sein.

Aigle m'emmena ensuite vers Tigre (le ressenti) qui était de fort mauvaise humeur, en colère et attaché à son territoire. Tigre commença à muter et devenir un gorille argenté. Gorille était initialement très raide et restreint dans ses mouvements, mais après quelques étirements, de plus en plus agile. L'aigle atterrit sur l'épaule de Gorille et ensemble ils s'avancèrent vers la créature lumineuse. Aigle me suggéra d'entrer dans la créature lumineuse, chose que je fis. C'était très beau comme sentiment. Je devins conscient que la sensation et l'imagerie avaient été mes fonctions inconscientes, et la pensée et les sentiments mes fonctions conscientes. Je sentis que des changements importants étaient en train de se produire en moi.

Contraintes et relations entre les quatre animaux

Au début de mon travail avec les animaux des chakras, j'ai découvert auprès de nombreux clients, qu'un des animaux était sous-développé. L'animal de la gorge, animal de communication. Je mis ceci sur le compte que dans notre culture, nous n'enseignons pas aux gens à communiquer, mais au contraire à retenir leur communication. Je me suis posé la question pour ma propre éducation et à la demande corollaire, de restreindre la communication libre à la maison et à l'école. L'expression était subordonnée au « besoin de discipline », à ne parler que quand on y est invité par un enseignant ou un parent. Alors, la communication appropriée consistait à donner suite immédiatement avec une réponse. La communication n'était pas respectée comme étant la description et expression de son expérience; en fait, sa propre expérience devait souvent céder le pas à une autre autorité, surtout si elle venait d'un livre ou d'un adulte. L'animal de la gorge décrivait clairement comment notre puissance de communication avait été restreinte et moulée par la société, quelquefois apparaissant comme une belette, un lapin timide ou un vilain petit canard, ou d'autres animaux dont nous avons l'impression qu'ils ne sont pas très forts.

De manière récurrente, deux autres éléments apparaissaient: l'animal du plexus solaire chez les femmes, donc l'animal du pouvoir, était souvent sous-développé ou bâillonné, par exemple sous forme d'un canard plongeant constamment sous l'eau ou une biche timide. Dans ces cas, le travail avec ces femmes a avéré que durant leur enfance, elles s'étaient trouvées dans une bataille de pouvoir soit avec leur père, soit avec leur mère. Cela avait été des enfants puissants dont les parents n'avaient pas su comment alimenter la puissance, mais par contre, s'étaient sentis menacés par cette puissance au point d'en demander la suppression. Je n'entends pas insinuer que cette situation ne se trouvait qu'auprès de femmes, car à l'évidence elle s'est également rencontrée auprès d'hommes, mais pas à la même fréquence qu'auprès de femmes. De par notre culture, nous n'éduquons pas nos filles à développer naturellement leur puissance. Plus souvent que non, un enfant se verra dire qu'il est avide, ou agressif, ou égoïste quand il entend exprimer son pouvoir, surtout au début que ce pouvoir se développe.

De même, aussi bien auprès des hommes que des femmes, l'animal du ventre, l'animal des émotions, était quelque fois ligoté: un tigre dans une cage, par exemple. Ici aussi, la condition de l'animal n'indiquait pas tant le fait que les émotions ne s'étaient pas complètement développées que le fait qu'elles avaient été empêchées de se développer.

Par contre, lorsque j'ai commencé à présenter aux gens les animaux des quatre modes de connaissance, je m'attendais à ce que l'animal de l'imagerie soit handicapé ou blessé, notre culture environnante étant largement ignorante en matière d'imagerie sauf pour les formes servant à la commercialisation. En fait, j'ai été surpris de constater que l'animal qui était le plus blessé, était celui de la pensée. J'ai fait connaissance avec un individu dont l'animal de la réflexion était un monstre en rage car étant constamment faussement utilisé. Pour une autre personne, l'animal de la pensée était une panthère décharnée qui avait été tuée d'un coup de fusil; la personne en question reçut le message que les obsessions dont elle souffrait, étaient les balles qui étaient encore logées dans la panthère. Pour une autre personne qui avait un master en langue anglaise et qui se trouvait être professeur à l'université, c'était un éléphant malade et blessé enchaîné et emprisonné dans un petit zoo.

Après réflexion, j'ai été moins surpris par le fait que ce soit l'animal de la pensée qui était dans le plus mauvais état. Après tout, nous demandons à nos enfants de subir un entraînement des plus sévères pour le mode de réflexion, entraînement qui d'habitude repose sur un cadre théorique ou l'autre. Donc, la réflexion de l'enfant est conditionnée à se conformer à un système de croyance au lieu d'être nourri dans ce qu'elle a d'unique afin de l'aider à se développer de sa propre manière organique.

L'animal de l'imagerie se trouve parfois quand même blessé ou sous contrainte, par exemple un beau cheval blanc avec une chaîne sur les jambes postérieures, mais il n'en demeure pas moins que ceci est moins fréquent que pour l'animal de la pensée.

La qualité guérisseur des animaux dans nos relations

Lorsque les quatre animaux sont amenés à se rencontrer, ils commencent spontanément à guérir les blessures des plus blessés. Un agneau sensible, par exemple, va commencer par lécher les blessures de l'animal de la réflexion. On comprend que les animaux savent à quel point il est important que le bien-être et le bon fonctionnement de chacun d'eux dépend du degré de santé et de bonnes relations de tous, ainsi que le démontre l'exemple suivant.

Une femme, anciennement professeur avec un master en langues et qui avait publié de nombreux ouvrages, découvrit que son animal de la pensée était un serpent corail avec des anneaux lumineux qui émergeait de l'éther, transporté dans les airs et paradant, montrant à qui voulait les voir ses belles couleurs. L'animal de ses sentiments était une aigrette plantée au bord d'un marais qui y picotait des friandises de l'eau. L'animal de ses sens était un phoque et celui de l'imagerie était une gaufre[2]. Suit la description établie par la personne elle-même du premier Concile des animaux:

« *Au cours d'un après-midi calme et embaumé, se réunissant pour la première fois, les quatre animaux se sont rassemblés sur une protubérance à l'endroit où une rivière rencontre la mer. L'aigrette (sentiments), un être blanc de neige de grandes grâce et beauté, était très formalisée au sujet de cette rencontre. Elle était immergée jusqu'aux chevilles dans un bassin près des rochers en attendant l'arrivée de tout ce beau monde. De temps en temps, elle tendait son long cou en courbe si fin, afin de plonger la tête dans l'eau et d'en retirer quelque chose à manger. Une fois, elle a déployé ses longues ailes embrassantes dans toutes leurs largeurs et fit se trémousser ses plumes dans le courant d'air. Alors même qu'elle était hors de son environnement marécageux habituel, elle se sentait à l'aise et détendue.*

---

2   animal du Nord de l'Amérique ressemblant un peu à un rat

Le phoque (les sensations) s'était étendu à son emplacement préféré, profitant du soleil et de la chaleur irradiée par les rochers. Il demeura couché, indolent, juste assez réchauffé pour se sentir prêt à faire un petit plongeon, pensée qui l'emplissait à chaque fois d'un plaisir à peine voilé. L'idée de nourriture et cette eau fraîche et si lisse, commençait à le démanger. Alors que ces besoins sensoriels devenaient de plus en plus pressants, il fit usage de ses nageoires pour faire jaillir un peu de sable depuis les rochers sur son dos, puis se frotta distraitement la tête contre un rocher proche alors qu'il attendait patiemment que la séance veuille bien commencer.

Le serpent corail (la pensée), une chaîne brillante de joyaux noirs et oranges, enroulé à distance respectable sur le rocher le plus élevé, demeurait ainsi soigneusement éloigné de l'eau. Il avait une vue plongeante sur Phoque et plus loin sur Aigrette depuis ce qui lui paraissait être un promontoire à l'image d'un trône et suffisamment sec qui plus est. De manière condescendante il regardait Phoque, heureux de sa coiffure fine et élégante ainsi que de ses couleurs pétillantes par comparaison à l'être aux couleurs mornes et si peu sophistiqué qu'était Phoque. Pour ce qui était d'Aigrette, il l'évitait même de son coup d'oeil sachant que ceci était la meilleure manière de ne pas avoir d'histoires.

Gaufre (l'imagerie) était arrivée en dernier en provenance du pré où nous venions d'être ensemble. Gaufre ayant voyagé dans ma poche, j'y plongeai la main pour l'en extraire et la plaçai sur un autre rocher sec qui était suffisamment élevé pour que Gaufre puisse regarder les autres dans les yeux. Le phoque se releva, applaudit frénétiquement de ses nageoires pour saluer l'arrivée de ce petit être venu avec moi. Toujours prêt à s'amuser un peu, Phoque invita Gaufre à faire un petit tour en la portant sur le museau au travers des flots. Gaufre décline l'offre d'un mouvement de la tête, en souriant timidement, et commença à explorer les alentours sableux de son rocher.

Serpent était un peu étonné de l'animal de compagnie dont je m'occupais. Il abaissa son regard sur Gaufre qui, frissonnant à la vue de Serpent, ouvrit grand les yeux à la recherche de quelque lieu où se cacher. N'en trouvant pas, elle recula contre moi avec un frémissement *tenant lieu de question du genre « Pourquoi m'as-tu emmenée dans une telle histoire? ». Voyant Gaufre s'aplatir contre moi, ne touchant plus le sol qu'à peine, Serpent s'éleva, scintillant avec un nuage de dédain, sifflant et se mit à avancer sur Gaufre.*

Sans préalable, Aigrette tendit son cou et pinça Serpent derrière la tête, puis s'en empara de son bec et le fit virevolter loin au-dessus de l'eau. Sur ceci, elle se laissa choir sur son rocher, plia ses ailes dans le vent, secoua la tête et se reposa. Serpent, de retour sur son rocher après cette manœuvre, l'air décomposé, ressembla bien plus à un serpent corail qu'au collier de joyaux scintillant pour qui il se prenait.

Gaufre saisit qu'elle avait une alliée importante en Aigrette et se relaxa, en profitant pour s'ancrer de manière plus stable sur le rocher. Elle regarda, ensuite Aigrette, sortir une bouchée de nourriture de l'eau et la déposer à ses pieds comme cadeau. Après l'avoir reniflée, elle la prit entre les pattes et la rangea dans une crevasse qu'elle avait dénichée auparavant à portée de museau. Ceci servirait au moment où elle aurait faim.

Phoque s'était relevé pour mieux voir cette gaufre à qui il vouait un intérêt soutenu. Il battit des nageoires, partit dans un rire et la posa sur la pointe de son museau. Il la fit tourner à plusieurs reprises et la reposa à sa place. Se sentant de retour sur son rocher, encore prise de vertige, elle s'assit et se mit à rire à son tour et les autres animaux rirent avec elle. Et profondément en moi, là où on sait, tout à-coup, je sus. »

Cette femme ressortit passablement changée de cette expérience avec les animaux des quatre modes de connaissance, et elle continue à les respecter et à les consulter dans sa vie.

L'intuition comme dimension à part entière

J'ai mentionné dans un chapitre précédant que Jung appelait la fenêtre de l'imagerie la *fonction intuitive* parce que sa propre intuition lui parvenait par la fenêtre de l'imagerie. Et que l'intuition peut en fait émerger de n'importe quelle fenêtre. Ceci a fait l'objet d'un séminaire en groupe portant sur les animaux des quatre fenêtres, en invitant un animal de l'intuition à se présenter et en le questionnant sur sa relation avec les quatre autres animaux. Un tel animal est également apparu spontanément à une amie thérapeute qui a écrit ensuite ce qui suit:

« *Quand j'ai appelé mon animal de la pensée, une grande chouette à rayures est arrivée glissant dans les airs sans le moindre bruit, elle m'a prise et emportée dans la nuit. Il me parut que je la reconnaissais et elle me répondit:* « *Oui, je suis celle que tu as vue en rentrant dimanche dernier de la cérémonie des ponts.* » *Elle peut voir dans la nuit et dans le noir, et son ouïe est une autre façon de percevoir. Elle n'a pas besoin d'annoncer son arrivée…*

Elle dit que son nom est Minerve, ce qui me fait rire. Et c'est merveilleux de voler avec elle. Elle me dit que nous devons aller rencontrer mon Oiseau Féroce de l'intuition, tout en m'y menant.

Lui, il vole très haut au-dessus du désert, comme un faucon, ou comme un aigle, en tout cas une sorte de rapace féroce, et rien n'échappe à ses yeux. Lui, il est le soleil, le jour éclatant, et elle, elle est la nuit profonde. Elle me dit qu'il y a toujours eu une forte et belle connexion entre lui et elle, et tous les deux sont fiers de moi que je le reconnaisse – mais que maintenant, le temps est venu de se réunir.

Je sens en moi un vide qui veut se créer à l'idée de perdre ce couple (je ne l'ai connu que depuis quelques instants), mais avant même que j'aie pu commencer à protester ou seulement en avoir l'intention, ils se mettent à voler l'un vers l'autre à une vitesse élevée sur une trajectoire dirigée exactement vers le cœur de l'autre. S'ensuit un impact retentissant, une collision de lumière, et en sort un hibou blanc énorme, qui vole en spirale montante porté par des ailes immenses et blanches. Il dit qu'il s'appelle Vérité, et il me prend immédiatement en vol, je deviens ce hibou, suis dans son corps, vois par ses yeux, et mes oreilles entendent le bruit silencieux de l'air que provoque le glissement de mes ailes puissantes.

De cette sorte, il me ramène dans la clairière dans la forêt rouge où m'attendent Cœur Rayonnant, Coyote et les Geais bleus[3] en montant la garde à côté de mon corps.

Alors que le hibou blanc porte encore mon âme en lui, il s'adresse ainsi aux autres autour de mon corps: « Cette femme a su depuis longtemps que l'intuition lui vient au travers de la pensée; maintenant, il est temps de mettre fin à toute séparation entre les deux. La pensée et l'intuition vivent ensemble dès à présent – elles vivent en moi et je suis Vérité. »

Il exhale mon esprit pour qu'il retourne dans mon corps, doucement. Et Cœur brillant m'embrasse m'appelant et me disant: « Fille – ma vraie fille – ma fille dans la Vérité. » Je me sens ouverte – grande – réceptive. Cœur Brillant m'emmène à l'endroit où il n'existe pas de frontières, cet endroit que j'appelle « chez moi », où chaque atome de mon être vibre en interconnexion avec tous les êtres.

Nous retournons dans la clairière et invitons l'animal des sentiments à nous rejoindre.

Un très grand papillon bleu iridescent atterrit sur mon ventre. Ses antennes velues veloutées vibrent gentiment et il ouvre et ferme ses ailes. Il me fait rentrer en lui pour que je puisse faire l'expérience de sa sensibilité extraordinaire. Il est tellement puissant, il peut voler sur des milliers de kilomètres, depuis la jungle brumeuse qui se trouve au bord de la mer jusqu'aux sommets enneigés des montagnes, tout en demeurant finement accordé aux nuances des sentiments les plus subtiles.

Il me dit qu'il est là pour me mettre au diapason avec les sentiments subtils. Qu'il reconnaît le travail accompli pour sentir les grands sentiments, et l'autre pour porter sur mes épaules les sentiments difficiles que peuvent avoir mes clients jusqu'à ce qu'ils puissent s'en charger eux-mêmes. Mais que maintenant, le temps est venu de

---

3   Cœur Rayonnant (Shining Heart) est une vieille femme indienne qui m'est apparue durant un voyage d'imagerie précédant, Coyote l'animal de l'Être, et les Geais Bleus me sont apparus spontanément alors que mon ami se trouvait sur un « medicine walk» (parcours d'initiation indien) en préparation à une Vision Quest (quête de vision).

laisser les flashes de lumière que font les moments de joie exquise, écla-
ter comme des bulles au grand jour. Il me dit: « Regarde l'aspect que
prend ta joie aux yeux du monde. » Et tout à-coup, les arbres autour de
nous fourmillent de bleu à en éblouir les spectateurs, en fait des papil-
lons bleus comme le mien, mais plus petits. Ils vibrent aux pulsations de
la vie et leur couleur jaillit comme des joyaux. « Voudrais-tu empêcher
que le monde puisse voir ce spectacle », me demande-t-il. Il me remet en
mémoire, deux situations où je l'avais fait, par peur quelque part, et me
montre à quel point ceci me rend morte pour le monde.

Il me dit: « Ne le fais plus, fais briller ta joie et accepte-la en tant que
cadeau. »

Lorsque je fais appel à mon animal des sens, je me retrouve avec mon
ancien ami, Octopus le poulpe, dans un environnement océanique et
sous-marin, à danser sous l'eau, sentant l'eau et les rayons de soleil qui
y pénètrent, sur ma peau. Sensations exquises de plaisir corporel.

J'appelle mon animal intérieur pour l'imagerie et la Panthère Noire
apparaît. Quand je regarde dans Panthère, je peux tout voir. Panthère
contient l'univers entier. »

44

Communication intérieure

L'imagerie constitue le mode primaire pour connaître des ensembles. Elle émerge de ce qui est entier et nous conduit vers ce qui est entier. Les sentiments sont le mode pour connaître les énergies et les mouvements, ce qui nous meut et ce qui nous émeut. C'est la connaissance qui charge d'énergie notre action et notre réaction. La pensée se fait en disséquant, en étiquetant, en comparant, catégorisant et en mettant des liens entre des éléments, en particulier pour créer des cartes mentales et des histoires. Les sens nous permettent de connaître notre environnement, l'extérieur ou ce qui est « objectif ».

Communication depuis toutes les fenêtres

La langue est le moyen principal de communication et la pensée est hautement dépendante de la langue. A partir de là, nous en sommes venus à adopter de manière erronée le point de vue que seule la pensée peut constituer la source adéquate pour la communication verbale. Combien de fois n'avons-nous pas entendu dire à un enfant: « Réfléchis avant de parler! » Néanmoins, comme nous l'apprenons rapidement en travaillant avec l'imagerie, cette dernière a également la capacité de communiquer de manière verbale. Il peut être fort surprenant de faire l'expérience que les animaux nous parlent, et en plus, de choses dont nous n'avons aucune connaissance, ou dont nous n'avons plus aucun souvenir. Et c'est gratifiant de pouvoir payer de notre reconnaissance la sagesse profonde qui habite ces animaux que nous portons tous en nous.

Bien des gens lors de la première rencontre avec leur sagesse profonde, commencent à douter de pouvoir connaître de telles choses. Le doute par rapport à soi-même est probablement l'acte le plus destructeur que nous ayons appris. Ceci ne signifie nullement que se remettre en question serait sans utilité. Ce dont je parle, c'est au contraire de la remise en question automatique et compulsive que pratiquent bien des gens, et ceci est profondément destructeur. Le doute par rapport à soi-même est un acte qui a perdu son orientation et qui s'est détaché de ses racines organiques.

Je conduisais un séminaire lorsqu'un participant rapporta qu'il n'avait ni vu, ni fait l'expérience d'un animal. Lorsque je le questionnai un peu plus, il dit qu'en fait, il avait bel et bien vu des animaux, mais qu'il avait immédiatement commencé à douter de leur existence, se disant qu'il n'avait fait que les inventer. Je lui demandai alors s'il lui arrivait souvent de douter dans la vie, ce à quoi il acquiesça. Je l'invitai alors à s'adresser directement au doute en lui et à lui demander d'apparaître sous forme d'une image. Quand il procéda de la sorte, apparut immédiatement un enseignant impressionnant, habillé d'une cape noire. Comme j'aidais le participant à dialoguer avec cet enseignant, ce dernier communiqua qu'il était soucieux « qu'il fasse juste ». Je demandai au participant s'il voulait bien dire à l'enseignant qu'il n'était plus à l'école et que son souci principal n'était plus de « faire juste », mais de grandir. L'enseignant, lorsqu'il eut entendu ceci, devint un peu plus petit. Je suggérai alors qu'il demande à l'enseignant ce dont au juste il avait besoin de sa part. L'enseignant répondit alors qu'il ne voulait qu'être aimé. Lorsque le participant entoura cet « enseignant » de ses bras lui donnant de l'amour, le personnage devient un petit enfant en pleurs. A son tour, le participant pleura. Quand je lui demandai s'il voulait bien regarder dans son cœur s'il s'y trouvait un animal, il y vit immédiatement une foule de papillons.

L'origine du doute de soi-même pourrait se trouver dans le fait de remettre en question la conclusion à laquelle la pensée était parvenue. Il est évident que la pensée parvient à des conclusions différentes en fonction des éléments qu'on lui fournit. Dans ces constellations, le doute constitue un des moyens d'augmenter l'élargissement de la conscience, pour permettre à des éléments supplémentaires d'être intégrés par la réflexion.

Ou peut-être le doute provient-il du fait de se demander par quelle fenêtre l'information nous est parvenue. Comme nous l'avons déjà vu, la fenêtre de la pensée n'est pas celle des sentiments. La fenêtre des sens se différencie de celle de l'imagerie. Et je l'ai déjà dit, et je vais ultérieurement me pencher dessus de manière plus détaillée, nous avons été formés à force à nous mouvoir dans la fenêtre de la pensée qui a notamment la capacité de différencier ou de discriminer entre les choses. Alors, peut-être que le doute de soi-même provient de la comparaison, mais comme un mode de fonctionnement obsessionnel qui nous consume, car dirigé contre nous-même.

Mais peut-être que le doute de soi-même, de par sa fonction la plus particulière, cherche à situer sur une même carte sa propre expérience et celle des autres, une carte que la pensée n'arrête pas de créer et maintenir.

Arriver à la plénitude

Pour parvenir à la plénitude, il nous faut développer la communication et la communion avec tous les aspects de qui nous sommes. Ce n'est qu'alors qu'il peut avoir un ensemble complet, fluide et coordonné. Il relève de notre responsabilité d'initier une telle communication. Dans le processus de croissance vers le tout, nous nous rappellerons et reconnaîtrons peut-être des instances du passé issues d'autre parties de nous-même et qui cherchent à communiquer avec nous, ainsi que des mécanismes de doute, de jugement et de fermeture de notre esprit à de telles communications. Pour l'instant, nous avons l'opportunité d'initier la communication et de rouvrir les portes que nous avons fermées dans le passé.

Toute blessure implique une séparation. Par exemple, un bras cassé, c'est deux parties d'un seul os. Pour que la guérison intervienne, les deux parties doivent se ressouder. Une des actions les plus importantes que nous pouvons entreprendre consiste à assumer la responsabilité pour que toutes les parties de nous-même se ressoudent. Nous pouvons favoriser un tel processus en procédant à un appel général. « J'invite tout aspect perdu, distancé ou rejeté de qui je suis, à revenir participer à l'ensemble de mon être. Je désire m'excuser si je suis responsable du fait que vous ayez été rejetés. Je souhaite apprendre comment nous pouvons parvenir à nous rejoindre dans une relation appropriée et comment vivre ensemble de manière harmonieuse. Je suis prêt à vous écouter et à apprendre de vous, même si j'ai semblé ne pas vouloir vous écouter dans le passé. Je suis en train de grandir vers la plénitude, et vous êtes déterminants pour que je puisse parvenir à destination. Je vous demande de m'aider. Voulez-vous s'il vous plait revenir vers moi? »

Une des plus grandes blessures de notre être est la séparation entre les dimensions de la réflexion et des sens d'un côté, et les sentiments et l'imagerie de l'autre. Ceci n'est pas une petite blessure. Un grand cône a été inséré et un gouffre s'est ouvert.

Comme j'ai essayé de le démontrer plus tôt, ceci est induit culturellement et perpétué au travers de chacun de nous. Le commencement de toute guérison implique de notre part d'accucillir en nous à nouveau les dimensions des sentiments et de l'imagerie de manière générale, et nous pouvons le faire en entrant de plein pied dans nos sentiments ainsi qu'en allant visiter l'imagerie selon les modalités qui lui sont propres.

Il est rare que nous ayons été appelés à faire le premier pas dans notre guérison. Quand un animal apparaît spontanément dans nos rêves ou notre imagerie spontanée, typiquement nous restons interloqué à nous dire « Mon dieu, qu'est-ce que cela peut bien signifier? » Nous ne ferions pas pareil si quelqu'un venait à frapper à notre porte. Imaginez-vous cela: vous êtes dans la cuisine et vous entendez sonner à la porte. Vous ouvrez la porte et vous y voyez un voisin. Est-ce que vous vous demandez « Qu'est-ce que cela peut bien signifier? », avant de refermer la porte et continuer votre activité précédente. Alors, comment penser que l'animal qui se présente de la sorte, ne se sentirait pas insulté comme tout voisin à qui ceci arriverait?

Le contrôle de l'imagerie au travers de la pensée

Il est important que nous nous rendions compte du fait que les attitudes que nous avons été conduits à apprendre, peuvent elles-mêmes déjà fermer la porte à l'imagerie. Entre autres, un des moyens utilisé couramment de nous jours, est de recourir à l'imagerie suggérée pour contrôler différents états du corps, par exemple pour réduire la pression sanguine ou combattre une infection. Sans remettre en question ces bonnes intentions, nous sommes toujours dans une situation de contrôle par la pensée. C'est comme utiliser le téléphone de manière unilatérale, uniquement en parlant et dictant des ordres, sans vouloir écouter en retour. La beauté de l'imagerie profonde réside dans le fait qu'elle permet une communication dans les deux sens, entre nous et nos énergies, nous et notre corps, nous et l'imagerie et enfin entre nous et l'univers. Ainsi, une relation peut se développer. Le contrôle de l'imagerie par le mental revient à vouloir apprendre à Picasso à peindre au travers des chiffres! Si nous venons à donner des ordres à notre corps ou à notre imagerie, ne serait-il pas bienséant d'écouter ce qu'ils ont à dire et ainsi instituer une communication dans les deux sens?

Bien des approches « New age » pour la guérison et le développement, continuent à traiter pêle-mêle l'imagerie et les sentiments et en plus comme si c'était des objets mécaniques, ou des dimensions passives de qui nous sommes qui peuvent être exploitées, manipulées et changées à souhait, pour autant qu'on dispose de la technique adaptée; et que le « thérapeute » est en droit de s'introduire et contrôler un autre être humain. Il est important de reconnaître que dans de telles approches, c'est la pensée qui est considérée comme l'endroit qui « sait » comment faire pour grandir. Il peut même arriver que le fait de changer un seul mot est considéré comme l'approche adéquate. En fait, la pensée trouve qu'une légère modification en elle-même constitue déjà un développement. Il faut admettre que la pensée est fréquemment imbue d'elle-même.

Il m'est arrivé, après avoir travaillé devant un groupe avec une personne et ayant rapporté mon expérience à ce groupe, que quelqu'un dans l'auditoire fasse un commentaire du genre « Oh, voilà qui est bien recadré! », ne réalisant pas que quand je rapporte une expérience, je ne recadre aucunement, que mes mots viennent d'une source qui est complète en elle-même et que mes propres paroles viennent d'une expérience qui est absolue de par sa nature. Je me rappelle des commentaires de Mel Bucholtz qui, après avoir rendu visite à un groupe de jeunes qui aspiraient à devenir des thérapeutes, dit: « Ces gens ne réalisent pas que ce que je fais ne provient pas d'une série de techniques que j'aurais apprises, mais d'une manière d'être à laquelle je suis parvenu. »

Pour arriver à l'orée de la plénitude, il est indispensable de passer par le plein respect de toutes les dimensions de soi-même afin qu'elles puissent être libres de contribuer de toutes leurs capacités à qui nous sommes. Si une partie de nous-même traite constamment une autre partie comme étant de valeur moindre, comme un serviteur ou même pire comme s'il ne s'agissait que d'un composant mécanique ne méritant pas d'être respecté, nous ne pouvons que continuer à être en déséquilibre et de travers.

Les personnes avec qui il est le plus difficile de travailler, sont celles qui sont convaincues d'être complètement en ordre. Rien ne peut parvenir à ces personnes. Quand je leur parle, elles me répondent avant que je n'aie terminé de dire ce que je voulais dire. Elles m'entendent avec leurs pensées, pas avec leur être. C'est leur système de croyance qui réceptionne ce que je dit, qui évalue et qui détermine comment c'est à placer sur leur carte mentale. Le désaccord surgit immédiatement. Et même quand elles sont d'accord avec ce que je peux dire, c'est simplement parce que leur système de croyance considère que ce n'est pas contraire à la carte préétablie. Et pourtant, elles continuent à ne pas en avoir fait l'expérience. Ceci se décèle par le fait que ces personnes se sentent obligées de répliquer, de faire un commentaire pour montrer qu'elles ont compris. Elles ne réalisent pas que leur corps communique par lui-même, sans recourir à des mots. D'habitude, le corps de ces personnes est pâle et comme de l'argile, sans éclat, sans spontanéité. Leur corps se voit traité comme s'il était un robot mécanique. Leur quête se rapporte à la bonne réponse, ainsi tout doit être mis sous forme de mots. Les mots dominent comme s'ils avaient une signification inhérente qui rend superflue toute référence, comme s'ils étaient complets en eux-mêmes, et ainsi l'accent est toujours mis sur la bonne réponse.

C'est un aveuglement difficile à traiter. Le plus souvent, il n'y a qu'une crise qui peut faire s'écraser le cadre verbal qui était devenu le substitut pour la vie. C'est une situation délicate, parce que la personne peut alors renforcer sa tendance au point de ne même plus être reliée à ses sens.

J'ai fait la connaissance récemment d'une jeune femme qui, alors qu'elle était en train de se présenter au sein d'un petit groupe, s'arrêta net. Elle expliqua alors ce qu'elle venait de faire. « Ceci est une nouvelle technique que j'ai apprise il y a peu de temps. Je suis très mal à l'aise à chaque fois qu'une partie de moi-même, une petite fille perdue, surgit. Alors, dès qu'elle vient, je devient de marbre et me mets à distance d'elle. Puis, je réunis toutes mes forces et cherche à les lui transmettre. »

J'eus mille peines à m'en remettre. Cette jeune personne avait appris qu'on pouvait traiter son imagerie spontanée et ses senti-ments comme des évènements mécaniques et qu'on pouvait les manipuler librement, et qu'en plus, ceci valait comme méthode de guérison. On avait appris à sa pensée que d'autres parties de son être pouvaient être dissociées et maltraitées comme des par-ties non vivantes, comme de simples composants. Il paraît certain qu'avec un tel traitement, ces parties demeurent complètement dissociées. Quand nous sommes allés rendre visite aux animaux des chakras, son imagerie s'est présentée comme une série de pièces détachées. Ceci ne me surprit guère, après le traitement qu'elle s'était infligé, mais j'en fus horrifié, comme si elle avait pris un couteau pour disloquer les parties de son corps.

« Humpty Dumpty sat on a wall.

Humpty Dumpty had a great fall.

All the King's horses and all the King's men

Could not put Humpty Dumpty together again. »[1]

Cet ancien poème a quelque chose d'intrigant. A première vue, nous pourrions penser qu'il signifie que ce qui part en pièces, ne

---

1   Rime en anglais, sans équivalent en français à la connaissance du traducteur. Littéralement: Humpty Dumpty assis sur un mur, Humpty Dumpty en tomba de haut. Tous les chevaux du Roi, tous les hommes du Roi, ne parvinrent pas à ressouder Humpty Dumpty ensemble.

peut pas être recollé. Mais en fait, il y a un sens plus profond. Sa vraie signification est qu'on ne peut pas retourner à la plénitude au travers d'un contrôle ou d'une autorité hiérarchique. C'est la pensée qui construit des hiérarchies, qui désigne des royautés et qui réunit des armées, toutes choses bonnes pour la destruction et pour maintenir une organisation rigide, mais sans aucune utilité pour la plénitude. Le retour à la plénitude relève du système de l'imagerie, pas de celui de la pensée. Nous ne pouvons pas imposer à l'imagerie de savoir comment parvenir à la plénitude, nous sommes obligés de lui faire confiance, de croire qu'elle trouvera le chemin pour grandir et guérir. La pensée peut par contre donner un appui et nourrir l'imagerie, apprendre d'elle et être disposée à entrer en relation avec elle.

Relation et possession

Qui nous sommes se décline en terme de relation, mais nous avons un faux soi à partir de la possession. C'est la raison pour laquelle la possession a pris un tel rôle dominant dans notre monde social. Nous pouvons le détecter plus particulièrement à partir de la rencontre entre les Européens et les Amérindiens, collision monumentale entre une culture basée sur la possession et une autre culture basée sur la relation. Frederick Turner nous donne un récit fort parlant de cette triste rencontre[2]. Nous avons voulu posséder « qui nous sommes » ainsi que tout ce qui se trouve autour de nous, mais ceci au prix du reniement de certains aspects de nous-mêmes. Il est pourtant essentiel d'intégrer ces aspects comme faisant partie de nous-mêmes, d'entretenir une relation privilégiée avec eux, afin de se sentir complet. L'acquisition, puis l'accumulation de qualités conceptuelles se dénature imperceptiblement pour devenir une possession d'objets qui inévitablement se transforment un jour en déchets qui nous étouffent. Même les

---

2   Frederick Turner: *Beyond Geography: The Western Spirit Against the Wilderness,* Rutgers University Press, 1983.

adeptes du « New Age » cherchent plutôt à posséder leurs pouvoirs qu'à les découvrir, afin qu'ils viennent à la lumière pour se montrer comme *ils sont réellement,* et pour entrer dans une relation appropriée avec eux, les chérir avec l'intelligence inhérente qu'ils portent en eux et pour qu'ils se développent.

Prendre possession engendre la mort. Cela nous fige dans une attitude statique de contrôle sur ce dont nous entendons prendre possession. L'objet devient partie de notre territoire, que ce soit une épouse, des enfants, un animal domestique ou encore la myriade d'objets que nous possédons. Est-ce que vous vous êtes déjà demandé comment un Apache faisait pour vivre avec si peu d'objets? Même son toit, le wigwam, étant quelque chose de naturel, pouvait aisément être redonné à la nature lorsqu'il changeait d'emplacement de vie. Lorsque nous possédons quelque chose, nous définissons qui nous sommes en fonction de notre possession. Et la perte de l'objet peut nous amener au désespoir. Lorsque nous vivons en relation avec quelque chose, par contre, nous demeurons dans cette relation indépendamment d'où se trouve ce quelque chose.

Être en relation implique la vie, une comm*union* et une communication, une capacité d'être au présent, de savoir reconnaître de nouvelles qualités, de découvrir le ressenti en mouvement. Cela implique une volonté de partager ce que l'on est, une volonté d'écouter l'autre, indépendamment du fait que l'autre soit un être animé ou inanimé.

La possession divise maître et esclave. Entrer en relation est le moyen de revenir à la plénitude. C'est pourquoi le seul chemin qui mène vers le retour à la plénitude, est celui de la volonté d'entrer en relation avec la myriade de dimensions dont nous sommes faits, plutôt que d'avoir l'impression que nous possédons ces dimensions.

La pensée et les cartes de la réalité

Parmi ses tâches principales, notre pensée nous permet de rassembler les expériences que nous faisons dans la vie comme des éléments d'une mosaïque. Ceci est ensuite utilisé comme référence, comme une carte de la réalité à laquelle nous recourons pour nos orienter dans la vie. C'est également ce que nous transmettons à nos héritiers comme étant des valeurs fiables auxquelles ils pourront se référer. Mais cette carte constitue toujours une abstraction et jamais la réalité elle-même. Une des grandes difficultés pour une partie importante de l'éducation et de la formation, c'est qu'elles transmettent des cartes au lieu de fournir la possibilité aux apprenants de faire eux-mêmes leur expérience.

Le nombre de telles cartes a explosé au cours de ce siècle. Malheureusement, nous omettons de réaliser que les outils qui ont servi à les établir, étaient limités et par répercussion, les cartes qui en sont issues le sont elles aussi. Au lieux de décrire comment nous fonctionnons réellement, il nous a été enseigné d'accepter des schémas comme seules cartes valides, qui nous restreignent à des êtres logiques et mécaniques. Mais même notre cerveau comme point d'ancrage de notre pensée, est organique par essence, et tout ce qui est organique se nourrit pour une grande partie des sentiments et de l'imagerie, bien plus que de la réflexion. Ainsi, les cartes que nous avons établies sont partielles et grossières, privées dans une large mesure des dimensions des sentiments et de l'imagerie, parce que ces fenêtres-là, ne sont pas mécaniques et ne se développent pas dans une logique symbolique. Nous les avons ignorées, notamment lorsque nous dessinons une carte de l'être humain. Pour cette raison, notre modèle de santé actuel n'en mérite pas le nom: la santé implique être entier – c'est la source étymologique du mot santé – et la plénitude signifie que toutes les parties fonctionnent en harmonie, qu'elles soient en communication les unes avec les autres, en communion. Aucune carte qui exclut ou qui déforme des aspects de qui nous sommes, ne peut être une carte saine. En clair, une carte ne décrivant l'être humain qu'à partir des fenêtres de la pensée et des sens ne peut, par essence même, être une carte saine, car partiale et partielle, et en tout cas elle perpétue une non complétude (pour ne pas dire non sainteté) de qui nous sommes. Notre plénitude, santé et sainteté dépendent de l'acceptation pleine de toutes les parties de nous-même, et donc d'une carte qui intègre l'ensemble de ces aspects y compris l'imagerie et les sentiments, dont les fenêtres trouveraient la place qui leur revient et les fonctions pour lesquelles elles sont créées (notamment pour établir la carte elle-même).

Quand on aborde le sujet de la spiritualité, une des difficultés majeures réside dans le fait que nous avons pré-établi des cartes de ce qu'est être spirituel; et que nous essayons de nous conformer ensuite à cette carte. Alors que la vraie spiritualité implique d'accéder à être entier. Au cœur de la plénitude, on est esprit; quand on est entier, on vit spontanément à partir de son esprit. C'est ainsi que les bouddhistes disent que chaque enfant est un bouddha durant les cinq premières années de sa vie; à ce moment-là, son esprit est encore entier et intact.

Mon souci n'est pas du tout d'exclure des cartes établies précédemment, car l'exclusion n'a pas sa place dans la plénitude. Ce n'est que l'inclusion qui peut amener à dessiner une carte qui serait complète. Ainsi, les cartes pré-établies doivent être incluses dans une autre, encore plus grande, et qui indiquerait clairement quelles ont été les limitations des cartes partielles. Ce que nous devons faire, c'est établir cette carte complète qui émane des quatre fenêtres et qui intègre harmonieusement les vues issues de ces quatre fenêtres qui collaborent ensemble. Ce sera cette carte complétée et complète qui nous aidera à nous orienter afin de retrouver notre plénitude originelle.

La distorsion est étroitement liée à l'établissement de la carte. Une des plus importantes concerne l'origine de la parole et du langage. Ainsi que je l'ai énoncé au début de ce chapitre, nous avons été *formés* culturellement à l'idée que la parole et le langage étaient issus de la pensée, n'avaient le droit de provenir que de la réflexion, ce qui nous rend si difficile la tâche d'intégrer les sentiments et l'imagerie dans le processus d'établir une carte. Par répercussion, notre carte actuelle ne prévoit pas que ces fenêtres puissent s'exprimer par la parole.

Ces limitations sont issues d'une position établie par la logique au lieu d'émaner de nos propres expériences. Car lorsque nous demandons aux fenêtres des sentiments et de l'imagerie si elles sont aptes à nous parler, il n'y a pas la moindre hésitation. Bien sûr qu'elles en sont capables. Simplement, nous pensions qu'elles ne le pouvaient pas et donc n'étions pas à leur écoute. Nous ne leur avons même pas posé la question.

Si nous consentons à partir en expérience profonde, nous trouverons que la parole, l'expression et la communication sont des qualités à la disposition de tous et de tout. Nous pouvons être d'accord avec un scientifique sur le fait qu'un arbre ne peut pas parler, parce qu'il n'a pas d'organe vocal. C'est une bonne explication, très logique. Mais ce scientifique, a-t-il déjà essayé de parler à un arbre et d'écouter profondément la réponse? – La vraie fonction de notre vocalisation est de permettre aux choses autour de nous de vocaliser. Cette communication doit provenir de leur part, et non être inventée par notre réflexion. Lorsque nous permettons à la communication de provenir des dimensions profondes des sentiments et de l'imagerie, nous découvrons que non seulement elles peuvent communiquer, mais qu'en plus, elles le font de manière très belle, profonde et poétique.

La communication et la conscience

La première étape consiste à réaliser que l'imagerie profonde est capable de communiquer avec nous, et que les sentiments et ce qui est perçu par les sens (y compris ce qui est sensé) peuvent en faire de même. Ainsi, nous pouvons nous ouvrir au fait qu'une partie de notre croyance consiste précisément à nier cette capacité.

Ceci étant fait, il convient de se pencher sur la fonction de communication. Celle-ci a pour but de nous rendre plus conscient. Il est vrai que la communication peut être utilisée à but contraire, comme le sait tout propagandiste ou vendeur de voiture. Ces personnes-là utilisent la communication précisément afin de nous éloigner de la conscience de ce qui est en train de se passer. Au fond, la croyance que seule la réflexion est capable de communication verbale, est en elle-même une propagande. Lorsque nous démasquons un propagandiste, ceci nous permet d'aller au-delà de la propagande et de nous poser la question de savoir ce qui était censé être caché. Le secret réside dans la manière dont nous écoutons.

Si nous disions « salut » à notre mal de tête au lieu de chercher à l'ignorer ou à le supprimer, et qu'ensuite nous demandions quel message il nous apporte, nous pourrions être fort étonnés en entendant la réponse. Nous apprendrions alors que le mal de tête sait très bien pourquoi il est là. Il pourrait bien répondre « Tu es en train d'essayer avec obstination, fais donc une pause et fais quelque chose d'autre pendant un petit moment », ou « tu es vraiment en colère après cette personne et tu essaies de ne pas le montrer », ou encore « tu as trop fatigué tes yeux, repose-les en les fermant pendant un moment ». Lorsque nous suivons la suggestion, non pas en tant qu'ordre, mais plutôt comme une invitation à faire une expérience, les réponses peuvent très bien se révéler tout à fait pertinentes.

De manière similaire, si nous nous arrêtons et demandons à un arbre ce qu'il a à nous dire, nous pourrions être fort étonné de sa réponse si nous écoutons attentivement. Ici, je peux entendre les personnes critiques rétorquer: « Mais ce n'est que l'inconscient qui nous parle de la sorte! » Certes, nous pourrions envisager les choses de cette manière, mais alors nous omettrions de tenir compte du fait que l'inconscient *est réellement en lien* avec l'arbre, à ce niveau de relation où nous ne sommes pas conscient, alors pourquoi ne pas écouter?

Dans le même ordre d'idées, Jung était de l'avis que la santé s'obtient en rendant l'inconscient conscient, donc en se rendant compte du contenu de l'inconscient. En fait, il est étonnant de constater que ce point de vue n'ait jamais été mis en doute auparavant. Si rendre conscient permet certes au mental de parler d'éléments auxquels il n'avait pas accès auparavant, ceci ne permet pas d'atteindre la santé. Tout comme ce n'est pas le fait d'être conscient qu'on a un voisin qui crée la communauté. Ce que Jung appelait l'inconscient (aussi bien individuel que collectif) constitue un aspect dynamique de notre vie. Ce qu'il nous est demandé, c'est d'entrer volontairement en relation dynamique avec l'inconscient, le traitant comme un partenaire, au lieu de l'observer au travers de la fenêtre du mental.

Quand Jung dit par exemple: « ...lorsque le contenu inconscient émerge dans le conscient, le remplissant d'une puissance débordante de conviction, surgit la question de savoir comment l'individu réagit. Sera-t-il surchargé par ces contenus? Va-t-il les accepter avec crédulité? Ou va-t-il les rejeter? (Je fais abstraction de la réaction idéale, à savoir une compréhension critique.[3]

La terminologie de Jung est celle d'annexer des aspects de l'inconscient, ou de les ajouter au conscient; de transgresser de manière impie une barrière, de soustraire à l'inconscient son feu, ou encore « quelque chose qui était de la propriété de l'inconscient, lui est arraché de son contexte naturel et est soumis à la réflexion consciente. »[4] Les passages en italiques sont ainsi mis en évidence par ma main.

Quel est ce langage? Soit impersonnel, soit agressif. Est-ce vraiment une « compréhension critique » qui constitue le résultat idéal? Et où est-il fait allusion à un partenariat? Quelle est dans

---

3   *Portable Jung*, Penguin (Non-Classics), 1976. p. 112

4   *Portable Jung*, Penguin (Non-Classics), 1976. p. 104

un tel contexte, la probabilité de pouvoir développer une relation empreinte de respect?

La connaissance au travers de l'imagerie

Dans notre culture, la connaissance au travers de l'imagerie est fréquemment reléguée au domaine de la fantaisie et du jeu, ou de l'art, et se trouve dénigrée. Les rêves sont régulièrement considérés comme domaine sans importance de notre vie, ou du moins c'est ce qu'on nous enseigne. A chaque fois qu'un enfant se fait gronder parce qu'il est en rêverie diurne au lieu d'être « attentif », à chaque fois qu'un enfant se fait dire que son rêve nocturne est « sans importance », parce que « seulement un rêve », ce sont des occasions où l'enfant apprend à ne pas se respecter. De cette manière, nous nous éloignons d'une partie importante de nous-même. Ces activités qui pourtant nous occupent une bonne partie de notre vie, ont fait l'objet de tant de dénigrement, que c'est il y a moins de cent ans que nous avons commencé à les redécouvrir et que leur importance pour notre vie n'est actuellement encore pas reconnue pleinement.

Les rêves

Nous sommes encore enclins à confondre les rêves et les perceptions sensorielles. Combien de fois ne nous arrive-t-il pas de nous réveiller émergeant d'un rêve, et de chercher à le comprendre dans le contexte de notre monde sensoriel. Ou encore nous demander « ce qu'il peut signifier ». Une signification, comme une métaphore, est un concept issu de la fenêtre de la réflexion. Combien parmi nous sont disposés à revisiter un rêve et à interagir avec lui (*non pas poser des demandes*)? Lui permettons-nous de nous faire évoluer et de nous changer? Arrivons-nous à lui demander à mieux le comprendre? Oserions-nous même lui demander pourquoi il nous est venu et ce qu'il nous veut? Sommes-nous seulement disposés à faire appel à un guide du rêve, afin qu'il nous apparaisse et nous permette de retraverser le rêve, de comprendre pourquoi il nous est venu et comment entrer en relation approprié avec lui?

Mythologie

L'usage courant du terme « mythique » comme signifiant quelque chose qui n'est pas vrai ou fabulé, est sans aucun lien avec les origines et les fonctions du mythe. Un tel usage indique simplement que la dimension d'où est issu le mythe, est complètement rejetée. En outre, cela témoigne d'une distorsion complète de la relation entre les fenêtres de l'imagerie et des sens.

La récente popularité des œuvres de Joseph Campbell, en particulier sa série d'interviews avec Bill Moyers, démontre la faim que nous avons de connaître cette dimension pleinement. Tout ceci révèle notre désir instinctif de retourner à l'endroit où la véracité et l'unicité de l'individu coïncident.

Une difficulté particulière que nous rencontrons émane de la fausse hypothèse selon laquelle le mythe serait quelque chose de vieux et de collectif. Nous y reviendrons dans un chapitre ultérieur du présent ouvrage. Néanmoins, il s'agit de bien comprendre qu'une telle perspective renie le fait que le mythe trouve son origine dans l'individu et dans la relation avec le caractère unique de chaque individu, ainsi que dans la présence immédiate (et non dans le passé). Le mythe n'est pas né à partir d'une culture, mais à partir de chaque individu de manière unique.

Le magique

Notre attitude envers ce qui est magique, est similaire. Ce que nous croyons être magique n'est en réalité que la perception de certaines fonctions issues de l'imagerie profonde, réorientées de façon erronée sur la fenêtre des perceptions sensorielles. Des phénomènes tels que de multiples apparitions simultanées, l'apparition ou la disparition soudaine, le déplacement instantané entre divers lieux, la transformation d'une image ou d'un animal en un autre, une personne existant simultanément à des âges différents ou dans des endroits différents, ou tout autre phénomène faisant abstraction des dimensions temporelles ou géographiques appartiennent à l'imagerie profonde et indiquent un processus en cours en terme de guérison/croissance/lecture au travers de la fenêtre de l'imagerie. Si nous persistons à vouloir les comprendre au travers de la fenêtre des sens, nous sommes amenés à les éliminer car trop angoissants ou insuffisamment logiques. Ainsi, laissons ces phénomènes appartenir à la fenêtre de l'imagerie et nous apprendre ce qu'il y a à apprendre.

Les sens et la survie

Le monde issu de nos perceptions sensorielles, la vue, l'odorat, l'ouïe, le goût et le toucher, est différent de celui qui est issu de notre imagerie, les deux perceptions ayant à l'origine des fonctions différentes dans notre vie et survie.

Les perceptions sensorielles sont vitales pour notre survie. Plus nous sommes conscients de notre environnement externe et des éventuels dangers qui nous guettent, plus nous pouvons agir rapidement. Sans les perceptions sensorielles, nous sommes comme aveugles et entrons constamment en collision. Et pourtant, les actions qui se développent comme résultat d'une douleur ou d'un rejet, ont tendance à devenir automatiques et donc manquent de conscience. Ainsi, nous nous retrouvons à vivre dans un environnement qui au fond est censé assurer notre survie, et qui pourtant de par son existence constitue le plus gros problème. Quand les structures que nous avons créées pour notre survie, dépassent le but, elles doivent alors être désintégrées. Nous rencontrons ce dilemme aussi bien au niveau individuel que collectif.

Éducation pour la survie

Lors de notre naissance et après, nous sommes entourés de sons. Ceci est un des moyens pour apprendre que le monde est plus grand que nous-même. Nous apprenons à imiter ces sons comme moyen d'interagir avec ce monde. Certains sons sont des mots, des phrases, des descriptions, des ordres, mais ces mots nous submergent et nous finissons par nous y noyer. Nous apprenons à répéter ces sons-mots aussi aisément que les autres, même si en fin de compte c'est au détriment de nous même, et nous continuons à les répéter comme un perroquet. La plupart du temps, ce qui passe pour être de notre bouche, provient de phrases et d'écrits des autres. En fait, ceci est le fondement de l'apprentissage par cœur, l'apprentissage souvent privilégié dans la formation. Il n'y a que peu de personnes à qui il est appris, ou du moins autorisé d'apprendre, à penser. La plupart d'entre nous sommes formés à répéter.

Les mots qui nous viennent comme ordres d'un autre, nous amènent à nous séparer de l'écoute de nous-même, de nos sentiments et notre intuition comme source de nos gestes. Quand l'ordre du père est ce qui doit être fait, au lieu que ce soit l'instinct de l'enfant, alors l'autorité et le langage ont remplacé la connaissance de soi-même et de ses propres besoins. Il n'y a plus qu'un petit pas jusqu'à l'obéissance aux ordres du sergent, ou du général ou encore du dictateur. Car nous sommes déjà séparés de notre âme.

Dans notre culture, les maigres investissements consentis dans « l'éducation » servent au développement de la réflexion et des sens. Les enfants dont le mode d'apprentissage principal est axé sur les sentiments ou l'imagerie, ne survivent pas aisément dans un tel environnement culturel exigeant l'adaptation, et ceux qui s'y soumettent en ressortent « de travers ». Beaucoup parmi ce qui s'appelle des difficultés d'apprentissage n'en sont pas en réalité. Ce sont des tentatives pour convertir au mode d'apprentissage de la réflexion, un enfant dont le mode d'apprentissage principal est autre. Il vaudrait mieux parler de « difficultés d'enseignement » au lieu de difficultés d'apprentissage.

L'animal le plus dépendant des autres lors de ses premières années de vie, est certainement l'être humain. Il doit être nourri, habillé, nettoyé, réchauffé et aimé quand il est jeune pour qu'il survive. De ce fait, il fait l'expérience que toute exclusion ou tout rejet par les autres êtres humains constitue un danger pour la survie. C'est ce danger qui sert à assurer sa coopération à l'école. Notre système scolaire repose sur un modèle de survie, et tout échec scolaire entraîne les mêmes conséquences que celles qui existent pour la survie d'un jeune animal dans la brousse: la douleur, la peur et l'exclusion du groupe. La jungle dans laquelle nous obligeons nos enfants à survivre, est issue de notre propre création, et les conséquences extrêmes que nous rattachons à un échec mènent à une rigidité de la pensée et du comportement qui se compare à une camisole de force au niveau social.

Ce qui est perdu et sacrifié sur cet autel de l'éducation de survie, c'est la souplesse et la liberté d'honorer la créativité et les origines subtiles de chaque individu au moment où il sort de la coquille. Ceci est une perte, au niveau individuel, mais aussi au niveau culturel. Pourquoi notre culture est-elle statique et vaine? Pourquoi notre culture n'est-elle pas riche et chaude, nourrissante et invitante? Pourquoi notre culture n'est-elle pas une manifestation de beauté émergente et organique qui invite à la découverte et à la participation? C'est pourtant l'amour, la chaleur et le fait de le nourrir qui fait grandir un enfant. Si ceci était plus utilisé dans notre système éducatif, à la place de la douleur, de la peur et de l'exclusion du groupe, alors les enfants pourraient grandir dans la joie pour devenir des adultes et le recours aux drogues, à l'alcool et aux autres activités de dépendance, cesserait.

Les activités de dépendance, comme toute compulsion, constituent un moyen pour éviter au lieu d'avancer. Les expériences « brillantes » qui démontrent que des singes de laboratoire peuvent développer rapidement une dépendance à la cocaïne ou à l'héroïne, omettent purement et simplement de prendre en compte le facteur déterminant que ces animaux vivent dans des cages fermées et non dans leur lieu d'origine au sein de la Nature.

La validité de l'imagerie

L'imagerie date d'avant le langage. La parole est issue en majeure partie de l'imagerie. Les phrases qui contiennent une belle métaphore ne constituent pas simplement un usage enjolivé de la langue, mais au-delà nous révèlent les racines de la parole dans l'imagerie. Curieusement, c'est l'imagerie, et plus particulièrement celle qui se rapporte aux animaux, qui nous a donné l'alphabet, au travers des hiéroglyphes des anciens Égyptiens. Les sons des animaux étaient probablement ceux que nous entendions et reproduisions le plus couramment avant de développer nos propres sons. Ainsi, ce n'est pas étonnant que ce soient des animaux qui servent à illustrer les premiers sons. Paradoxalement, c'est le langage écrit qui a peut-être été le plus dommageable pour l'imagerie, ceci en donnant l'impression que les mots sont des vérités concrètes et que les concepts sont éternels. Cette idée nous fait évoluer sur un axe temporel linéaire et nous éloigne de la vivacité et de l'immédiateté de l'imagerie.

Il arrive qu'on me demande timidement: « Est-il normal d'avoir un animal de l'imagerie? » comme si l'existence d'un griffon ou d'une licorne devait d'abord être validée par un accompagnateur avant de pouvoir être acceptée dans notre imagerie. Comme nous sommes prudents avant de nous permettre de vivre notre imagerie toute individuelle, par peur du regard validant des autres!

Par contre, j'ai aussi rencontré des personnes qui me disaient: « Comme c'est bon de pouvoir parler à l'un de ces animaux qui me sont venus tout au long de ma vie! »

La référence en la matière, c'est du moins ce qu'on nous a enseigné, c'est la perception sensorielle, et l'imagerie y est quelque part ajoutée. En plus, ce qui émane des sens doit provenir d'un consensus, être reconnu par tous. Une des catégorisations majeures dans les psychoses, c'est que la personne entend ou voit quelque chose qui ne se trouve pas là. Nous appelons ceci une hallucination. En fait, il s'agit d'imagerie tellement puissante qu'elle a surpassé la perception sensorielle. Nous appelons ceci « être fou ». Mais en fait, c'est parce qu'on nous a appris que les perceptions sensorielles devaient l'emporter sur l'imagerie.

Bien des personnes qui retournent à l'imagerie profonde sont étonnées de découvrir qu'elle dispose d'une vivacité et spontanéité qui lui est propre, qu'elle n'est pas encline à suivre les injonctions de la volonté et qu'elle a envie de partager ses connaissances. Un aspect délicieux quand on entreprend le travail avec l'imagerie animalière réside dans le fait qu'on fait l'expérience du retour de l'humour. Ceci remet en équilibre les esprits pour qui une attitude sérieuse était devenue la vérité absolue. Certaines personnes sont également surprises de faire l'expérience que l'imagerie n'est pas la même chose que la pensée, et que leurs pensées quant à quelle image va apparaître, se trompe fréquemment. Il n'est pas rare qu'une personne rejette, essaie de faire partir un animal qui apparait, mais celui-ci reste et insiste sur le fait qu'il se trouve à la bonne place. La croissance de la personne s'installe en développant une relation avec ces éléments qui avaient été longtemps rejetés.

Le retour du balancier

La culture dont nous sommes les héritiers, est basée sur la suprématie de la pensée et des sens. Des institutions puissantes ont été crées pour maintenir cette prédominance. Le déséquilibre engendré par cette orientation, commence gentiment à envoyer le balancier dans l'autre sens. La forte résurgence de l'imagerie et l'intérêt marqué autour du chamanisme en attestent. Il faut y voir une tentative organique de notre culture pour retrouver l'équilibre humain. Les quatre fenêtres de la connaissance constituent le fondement de notre vie, aussi bien au niveau individuel qu'au niveau collectif, et nécessitent une attention particulière pour retrouver la santé, l'harmonie et l'équilibre. Ce n'est que lorsque tous les modes de connaissance fonctionneront ensemble, en communion et pleinement, que nous y parviendrons.

Il est également évident que ces modes de connaissance fonctionnent le mieux lorsqu'ils s'entraident. Nous devons être attentifs à nos modes d'éducation, s'ils fournissent un réel développement ou si au contraire ils empêchent d'être entier. Le meilleur moyen consiste à faire fonctionner les quatre modes de connaissance ensemble et à nous engager à veiller à leur développement.

La pensée à l'aide de la plénitude

Le temps est venu pour que la réflexion reconnaisse quelles sont ses limites. La pensée doit réaliser qu'elle a été entraînée dans l'attente de pouvoir tout contrôler. Quand des situations nous tombent dessus qui ne relèvent pas de son domaine naturel, elle s'emploie et s'use à chercher comment les aborder de manière logique. Un problème particulier réside alors dans la difficulté à communiquer entre nous des expériences indescriptibles. Roger Sperry, lors de ses études portant sur des cerveaux séparés, découvrit que les patients créaient une explication fictive lorsque la partie du cerveau dédiée au langage n'arrivait pas à accéder à la cause de l'action.

Le conflit entre la pensée et l'imagerie a été mis en scène de manière fort étonnante au cœur du film merveilleux de Bergman *Fanny et Alexandre*. La pensée austère, sous la forme du pasteur qui suit des règles strictes qui sont souvent brusques et cruelles, cherche à écraser l'imagerie, qui est représentée par un Alexandre haut en couleur et vivace à l'image de sa maison maternelle qui est en contraste avec le blanc et noir du pasteur. Le pasteur traite l'imagerie riche d'Alexandre de « mensonges », et Alexandre finit par se soumettre aux cruautés du pasteur, sachant que c'est la seule manière de s'en sortir. Il finit par être sauvé par un magnifique et vieux juif qui recourt à la magie pour emporter Alexandre loin de son incarcération par le pasteur.

Par la suite, Alexandre vivant dans le riche magasin d'antiquaire du juif, fait la rencontre inopportune d'Ishmael qui y est enfermé. Cet Ishmael androgyne a la capacité de voir des événements qui arrivent dans d'autres lieux – ou est-ce la capacité de causer ces évènements? Il aide Alexandre à comprendre que ceci est une dimension inévitable si on veut retourner à son chez-soi d'origine.

La pensée se remet en équilibre

Ma propre expérience m'indique que la pensée, lorsqu'on s'adresse directement à elle en des termes de gratitude, n'a pas de peine, voire est soulagée de se remettre en relation équilibrée et adéquate avec les autres modes de connaissance.

« Pensée, je me sens mal par rapport à ce que tu as été forcée à faire. J'apprécie beaucoup que tu te soies déclarée d'accord pour assumer la responsabilité entière de mon bien-être et de ma survie. Je sais que je t'ai demandé de m'apporter des réponses à chaque fois que j'avais des problèmes. Je sais que je t'en voulais à chaque fois que tu ne m'as pas apporté les « bonnes » réponses. Je sais que je t'ai demandé de faire des choses qui n'ont jamais été de ton domaine de connaissance ou d'action.

Et tu as fait tout ce que je t'ai demandé de faire, avec une attitude noble et avec honneur. Tu es une vaillante et importante dimension de cet être dont je commence à comprendre que je fais partie. Merci d'avoir accepté et assumé toute cette responsabilité.

Maintenant, j'aimerais te demander de m'aider à grandir, de m'accompagner dans ma croissance et de t'autoriser à revenir dans une relation naturelle avec les autres aspects de cet être dont nous faisons, toi et moi, partie. Serais-tu d'accord? »

Et la pensée qui répond: « Tu veux dire que ce n'était pas à moi de faire tous ces boulots? Tu veux dire que ce n'était pas à moi de savoir toutes ces choses que je ne savais de toute façon pas comment faire? Tu es en train de me dire qu'il y a d'autres aspects de cet être et que c'est à eux de savoir comment faire là, où moi je n'en ai pas la moindre idée? Eh ben alors. Quel soulagement! Tu es en train de me dire que je peux faire le voyage avec les autres et en profiter et apprendre? Que je peux me reposer la plupart du temps et venir sur scène quand il y a un truc que je connais vraiment bien? Alors là, c'est trop cool. Tu peux compter sur moi alors. Et en plus, je ne suis plus seule. Vraiment, c'est super-cool, quel soulagement. »

La quête

Peut-être avons-nous ignoré l'aspect le plus commun de la pensée. C'est la capacité de pouvoir poser des questions. Tout parent sait à quel point, une fois que l'enfant a découvert la possibilité de poser des questions, il commence à être absorbé par cette exploration: Jusqu'où peut-on poser des questions. Et cette expérience révèle le pouvoir que renferme la capacité de se poser des questions. Le parent ou toute autre personne se voit profondément engagé dans ce processus de questions, comme dans nul autre. La chose intéressante est que l'enfant présume automatiquement que chaque question a une réponse. La pensée entre à ce stade, dans sa plénitude organique fondamentale. Au lieu de se résumer à donner des étiquettes, la pensée développe un pouvoir qu'elle n'avait pas jusqu'alors, dans une dimension dynamique, un vecteur de mouvement qui nous entraîne sur un sentier d'une profonde intensité. Mais où nous mène-t-il, ce sentier?

La pensée, de par son aptitude à poser des questions, entre dans une dimension dynamique qui permet d'engendrer un mouvement vers quelque chose d'autre que la question elle-même; nous pensons que c'est vers une réponse qui va pouvoir assouvir la question en l'amenant à une fin; la réponse met fin à une question comme la nourriture met un terme à la faim. Mais de quoi est faite une question? Est-ce que le fait de questionner mettrait en union avec quelque chose de plus profond?

Une question initie une recherche, une quête. Une question nous rend conscient d'une incomplétude. Une question nous dirige vers quelque chose qui existe, mais que nous ne connaissons pas, vers une connaissance manquante. Vers un mystère qui, lorsque nous le rencontrons, nous emplit d'une expérience de satisfaction, d'une soudaine perception de plénitude. C'est la raison pour laquelle les intrigues policières ont tant d'attraction pour les gens. Le fossé à combler, le lien à établir, l'inconnu ont une forte emprise sur la pensée qui cherche à emplir le vide. Dans les romans policiers, il y a un élément supplémentaire qui attire l'attention. La question est alors de savoir qui a tué. Résoudre l'énigme revient à tuer le meurtrier; à supprimer le mystère autour de celui qui a supprimé une vie.

Le questionnement lui-même est le cœur du sujet et constitue le mystère. Le questionnement réside dans le mystère de « ne pas savoir ». L'existence du questionnement dépend de « ne pas savoir ». C'est l'inconnu qui est au cœur de la question. En l'absence de l'inconnu, la question n'existerait pas. La question établit le lien entre l'inconnu et le connu. La question est l'endroit d'où émerge la pensée, en provenance de la plus grande profondeur organique qui l'a engendrée, et apparemment à la recherche de quelque chose qui se trouve au-delà. Cependant, ce que la pensée recherche finalement est l'endroit qui lui a donné naissance.

La pensée donne corps à la conscience de notre émergence, hors de ce profond et épais mystère. La pensée donne corps à la conscience itinérante qui sort et retourne au profond et trouble mystère duquel nous sommes issus.

La quête se développe toujours vers un être entier, vers une inclusion supplémentaire, vers la complétude. La quête est un mouvement recherchant l'inclusion de ce qui émerge, de l'émanation, de la création. La quête présuppose une ouverture vers l'inconnu, repose sur la certitude que notre mouvement doit être entrepris avec une totale confiance dans le fait qu'une dimension plus grande de « qui nous sommes », nous porte vers l'avant et nous reprend ensuite. C'est l'achèvement du cycle. Le retour du pèlerin vers son vrai chez soi. La réponse constitue elle-même le questionnement.

Le Dragon

Régis Capron

Notre illettrisme mythologique

Nous avons une image erronée de la mythologie. Notre compréhension a été celle du point de vue historique seulement. En quelque sorte, nous nous sommes dit de manière restrictive: « Les mythes ne sont pas semés comme dans un jardin; ils sont hérités du passé. »[1]

Ce que nous appelons la mythologie, nous le traitons comme l'archéologie de la mythologie. Nous avons passé notre temps à déterrer les reliques mythologiques des cultures historiques et avons complètement omis de reconnaître sa nature essentielle, son aspect vivant en nous. Nous avons l'attitude de considérer la mythologie comme étant quelque chose qui appartient au passé, comme un système de croyance d'une ancienne culture. Il nous échappe complètement que la mythologie est potentiellement en vie en nous et que la vraie source de la mythologie prend sa

1   John Bierhorst. The Mythology of North America. William Morrow: New York, 1985, p.1

racine de manière intime en nous, qu'elle est fondamentalement essentielle pour notre accomplissement individuel en tant qu'être humain. La mythologie nous permet de reprendre notre dimension complète dans une relation naturelle avec l'univers, mais à la condition seulement que nous reconnaissions son émergence unique en nous-mêmes.

Si une culture de l'avenir lointain, après avoir perdu la faculté de lire, venait à découvrir une cache de livres, commençait à les vénérer et à se demander à quoi ils pouvaient bien servir, sans que ces gens viennent à réaliser qu'eux-mêmes ont également la capacité de lire, ils se trouveraient alors dans une situation parfaitement semblable à celle dans laquelle nous nous plaçons par rapport à la mythologie.

L'expérience avec les animaux permet de prendre conscience que la mythologie est des plus vivante et vivifiante, à ce moment, et si nous voulons bien nous mettre en relation avec elle, alors ce seront notre croissance, notre guérison et notre propre vivacité qui en seront le sujet.

La dimension étroite qui semble représenter, selon nous, les fondements de notre nature individuelle, à savoir la séquence de moments mémorisés et motivés que nous appelons notre passé personnel, ne constitue en fait que le squelette de nos cristallisations émotionnelles. La mémoire individuelle est l'endroit où notre énergie s'est couchée dans un nombre d'expériences limité. Lors de notre travail avec les animaux, ces énergies fondent, la mémoire perd sa puissance d'attraction et les énergies se libèrent pour pouvoir retourner dans le grand réservoir et être disponibles pour que nous puissions vivre au présent les situations quelles qu'elles soient MAINTENANT. A ce moment-là, notre passé individuel se désagrège pour se fondre dans un grand pot d'imagerie et on commence alors à comprendre bien mieux qu'on est présent ici et maintenant. La dimension mythologique devient ainsi bien plus adéquate comme description de nos fondations comme êtres humains que les séquences figées de notre mémoire de qui nous avons été dans le passé.

Un très bel exemple de l'importance de l'imagerie profonde (et donc de la mythologie) comme évènement vivant dans notre vie, nous provient d'un passage que je tire d'un livre écrit par Margaret Vasington [2]. Pendant dix ans, Margaret s'est rendue, à raison d'un jour par semaine et comme volontaire, dans la prison de haute sécurité Somers appartenant au Connecticut Correctional Institution, pour y pratiquer de la thérapie.

Le détenu qui s'appelle Joe, la trentaine, est un homme qui dans sa jeunesse a été sans cesse brutalisé, rejeté et tourmenté. Après qu'il ait rencontré pour la première fois, accompagné de Margaret, les animaux de ses chakras, ceux-ci ont commencé à lui rendre visite spontanément lorsqu'il était sur sa couchette dans sa cellule. Il recevait leurs visites depuis deux ans approximativement lorsque la visualisation suivante lui est arrivée.

La sélection ci-dessous nous permet de le suivre dans les endroits de grande beauté qu'il était venu à découvrir dans sa relation avec les animaux. Elle nous montre également à quel point Joe était entré dans une relation profonde avec ses animaux, à quel point il les respectait. Pour faciliter la lecture, quelques adaptations mineures ont été effectuées sur le texte écrit par Joe.

Je n'étais pas parvenu à me libérer de l'image de la Rose. Elle me revenait à l'esprit sans cesse et je me posais la question: « Qu'est-ce qu'elle signifie? Et pourquoi cela semble-t-il être aussi important pour moi de le savoir? »

J'ai fait appel à mes animaux pour qu'ils se réunissent en concile. Après bien des discussions, nous n'avions toujours pas de réponse. Lion me suggéra que la seule manière pour moi d'en savoir plus, consistait à poser la question au Grand Oiseau noir

---

2   Margaret Vasington: *Joe's Journey: One Man's Heroic Search for Soul*, Unpublished.

qui avait déposé la rose sur l'Ile. J'ai essayé de contacter cet animal, sans succès. J'ai alors demandé aux animaux de m'aider à appeler leur congénère, mais à nouveau, il n'apparut pas.

Éléphant dit que si ce drôle d'oiseau ne voulait pas venir à nous, alors c'était à nous d'aller à sa rencontre. Nous en avons discuté tous ensemble, et nous sommes tombés d'accord pour que j'y aille accompagné de Baleine. Elle et moi étions seuls à aller à la quête de l'Oiseau. En partant, j'ai embrassé les autres animaux en signe d'au revoir. Je demandai alors une nouvelle fois à Lion de nous accompagner. Celui-ci déclina l'invitation en me répondant que pour cette partie du voyage, je ferais mieux d'avoir davantage confiance en moi-même qu'en lui. Ainsi, je partis en chevauchant Baleine.

Baleine et moi avons voyagé et encore voyagé. J'étais content et avais du plaisir. L'eau était calme comme une feuille de verre et le soleil nous baignait dans sa chaleur. A plusieurs reprises, je me suis assoupi un peu. C'était très paisible et plaisant.

A quelque distance, j'entendis un bruit étrange. Un son sourd. Notre voyage continuant, le bruit devint de plus en plus fort. Je réalisai que notre vitesse avait changé. Il me semblait que nous avancions plus vite. Le bruit se renforça encore et le vent se leva et nous poussa.

« Baleine », criai-je, « que se passe-t-il? »

« Regarde devant toi », me répondit-elle.

Je vis alors avec surprise que nous nous approchions d'une chute d'eau. C'était comme si la mer s'arrêtait. La seule issue pour continuer d'avancer, c'était de franchir la chute. C'était très drôle, comme si la mer changeait d'étage. Je demandai à Baleine de nager près du bord. C'était terrifiant de regarder en bas. La chute devait faire plusieurs dizaines de mètres. Le vent et le courant faisaient qu'il était difficile à Baleine de rester sur place et de ne pas se laisser entrainer plus près de la chute. D'un mouvement soudain de tout son corps immense, Baleine nous a extrait de cette situation, en retournant dans la direction d'où nous venions, en nous permettant à quelque distance de nous reposer et réfléchir calmement,

« C'est quoi cet endroit? » « C'est la fin de l'eau, ou le début. » « Ne me parle pas en allégorie, Baleine, tu sais que je n'aime pas ça. » Elle me sourit. « Que pouvons-nous faire? » « Il n'y a que deux choix possibles. Soit nous sautons, soit nous retournons sur l'Ile d'où nous venons. Rien d'autre. » « Mais si nous sautons en bas de la chute, pourrons-nous retourner? Tu ne sais pas grimper. » « Ne te fais pas de souci pour moi. Tu dois décider de continuer ou alors de retourner auprès de la sécurité de ce que tu connais. Seul toi, peux décider. C'est ce que Lion voulait te dire en disant de ne pas lui faire confiance à lui, mais plutôt à toi. » « Mais que se passe-t-il si c'est une erreur? Si c'est la fausse décision? Qu'advient-il de toi si tu ne peux pas retourner à la maison? » « Et si ceci, et si cela. La vie est pleine de et si ceci. As-tu oublié pourquoi nous sommes venus jusqu'ici? » « OK, Baleine, je suis d'accord. Nous y allons », lui dis-je. « Alors, tiens-toi bien. Je vais accélérer autant que je peux pour chercher à sauter par-dessus les rochers qui sont en bas. » Je me rappelai soudain d'un film, Butch Cassidy et le Sundance Kid, lorsqu'ils sautent depuis le haut d'une montagne dans une rivière, et alors que nous nous enfoncions au-delà de l'abîme, je me sentis tomber. Nous avons touché l'eau. Le poids de Baleine nous a fait passer en dessous, puis à nouveau émerger. Le courant était fort, comme dans des rapides, et il nous amena, tout en nous faisant tournoyer, dans un nouvel océan. Là, l'eau était calme et le ciel était clair. Rien d'autre que l'eau et le ciel en vue, sauf un point noir à l'horizon. Jusqu'alors, nous avions suivi le soleil. A ce moment, nous décidâmes de nous rendre à ce point noir à l'horizon, changeant ainsi notre direction.

Au fur et à mesure que nous avancions, je vis le point devenir de plus en plus grand. C'était un rocher. Peut-être le sommet d'une ancienne montagne. En nous approchant, je vis qu'il y avait quelqu'un ou quelque chose au sommet de la montagne. C'était une sirène. Elle était exquise, avec ses longs cheveux blonds, ondulés, qui couvraient sa poitrine comme une cape. Lorsque nous sommes arrivés, elle sourit. Je lui ai demandé qui elle était. Il y avait plusieurs papillons qui tournoyaient autour de sa tête. Elle tendit une main et l'un d'eux s'y posa. Ensuite, elle se mit à parler. Sa voix était très douce, comme un murmure ou un chuchotement. Mais je n'eus aucune peine à comprendre ce qu'elle disait, car sa voix était pleine de puissance.

« As-tu fait un long voyage? » me demande-t-elle. « Oui », lui répondis-je. « Qu'est-ce qui vous amène, toi et ton amie? » Je lui parlai alors de notre Ile, les animaux et le Grand Oiseau noir qui avait déposé la Rose. Elle me dit alors que celui que je recherchais, s'appelait le Grand Faucon du Perchoir d' Or, et je pouvais le trouver en traversant le brouillard de la confusion. « C'est quoi?» lui ai-je demandé. « Un endroit auquel mènent beaucoup de chemins, mais un seul en ressort.» Je n'y compris rien. Elle sourit et ajouta: « Peut-être qu'un jour tu comprendras.» Elle tendit ensuite sa main vers moi et dit: « Tu n'as qu'à le suivre, il te guidera », et le papillon s'envola de sa main et la Dame des Rochers disparut. Baleine et moi nous sommes remis en route, suivant le papillon. Le soleil se posa dans l'eau comme une immense boule de feu. Le papillon resplendissait dans la nuit, et nous le suivîmes comme une lanterne. La nuit tout autour de nous commença à nous faire peur, alors que la fatigue se faisait sentir. Quand le soleil se leva à nouveau, je vis devant nous un mur de brouillard gris qui m'emplit d'un mauvais pressentiment. Je sentis qu'il pouvait y avoir du danger et je ne voulais pas y entrer. J'ai dit à Baleine de s'arrêter. Le papillon resta suspendu quelques instants dans l'air, revient vers moi au-dessus de ma tête, puis partit en direction du brouillard. Baleine dit: « Ceci doit être le brouillard dont la Dame des Rochers t'a parlé. » « Je sais, mais je ne veux pas y aller. » « Que pouvons-nous faire d'autre? » me demanda Baleine. « La Dame des Rochers nous a envoyé le papillon pour nous guider. Je pense que tout va bien se passer. » C'est ainsi que nous sommes entrés dans la brume. Nous avons assez vite perdu le papillon de vue. J'ai demandé à Baleine de faire demi-tour. Je commençais à paniquer. Mais peu importe la direction que nous prîmes, nous ne pouvions pas en sortir. Je me rappelais alors qu'elle avait dit que beaucoup de chemins y mènent mais qu'un seul en sort. Alors, nous nous sommes arrêtés et avons attendu de revoir le papillon. Suivant son petit corps de lumière, nous nous sommes remis en route, toujours profondément dans le brouillard. Bien des fois, j'ai été tenté de m'échapper de ce brouillard qui nous enfermait. Quelquefois, il me semblait que le brouillard était moins dense dans une des directions, et donc que la sortie devait être par là. Et je devins furieux, parce que le papillon ne s'y dirigeait pas et au lieu de cela, nous emmenait encore plus profondément dans cette brume de plus en plus épaisse et opaque. M'emmenant toujours plus profondément à un endroit où je ne voulais pas être. Pourquoi fis-je confiance à ce papillon? Et puis, pourquoi est-ce que je fis confiance à la baleine? A un moment donné, passant devant un endroit plus clair que les autres, je voulus descendre du dos de Baleine sans qu'elle ne s'en s'aperçoive et nager vers cette lumière. Mais quelque chose en moi me retint. Je me dis alors que peu importait ce qui arriverait, je traverserai ceci et ferai confiance au papillon. Sitôt que j'eus pris cette résolution, le brouillard disparut, la brume était partie et Baleine, Papillon et moi-même étions dans la lumière. Papillon se retourna vers moi et je saisis son message alors même qu'il ne prononça pas de paroles. « Fais confiance. » Puis, il disparut. Devant nous, Baleine et moi vîmes une forme longue. En s'approchant, cette forme se révéla être une chaîne de montagne qui barrait l'océan comme un mur ou un barrage. Mais il y avait un passage étroit à travers ce mur. Nous nous sommes empressés dans cette direction. Arrivés à un peu plus d'un kilomètre du passage, je vis qu'il y avait quelque chose au-delà du passage. C'était un immense arbre en or d'une envergure énorme, peut-être de cinq kilomètres de hauteur. Au moment de nous engouffrer dans le passage, l'eau devant nous commença à bouger, des bulles apparurent et tout-à-coup, un immense dragon à trois têtes xx émergea. Il bloquait le passage. Il était horrible et laid, vulgaire. Il essayait de nous attraper avec ses mâchoires pleines de dents brunies et pourries. « Cours! » lançais-je à Baleine qui fit immédiatement demi-tour et nous emmena à distance sûre. Nous vîmes alors que le dragon ne nous avait pas suivi, qu'il était resté sur place gardant le passage. Je remarquai alors quelque chose qui venait du ciel. C'était Lion qui vint se poser sur un rocher près de nous. Baleine et moi furent très content de le revoir. Nous nous sommes approchés de lui et alors je vis que Lion n'était pas seul. Au-dessus et derrière lui, était assise la Dame des Rochers et il y avait trois papillons tourbillonnant au-dessus de sa tête.

Lion me salua de son sourire habituel et la Dame des Rochers me dit: « Tu as atteint la fin de ton voyage. Car ceci est le Perchoir du Grand Faucon. Qu'attends-tu ici dans l'eau? » « A cause du monstre. Il est laid et bloque le passage. »

« Ah, je vois », me répondit la Dame des Rochers. Là-dessus, elle tendit sa main dans l'eau et en sortit un sabre. Elle me le tendit. « C'est avec ceci que tu viendras à bout de la bestiole », ajouta-t-elle.

Puis, elle tendit ses deux bras droit dans les airs. Les trois papillons commencèrent à voler ensemble, de plus en plus vite, comme s'ils devenaient une boule de toutes les couleurs qui devenait de plus en plus grande. Le ciel devint obscur et traversé par des éclairs. Tout-à-coup, la boule explosa et apparut un cheval de bataille ailé, un grand étalon avec de grandes ailes, tout blanc. Je me mis en selle et sentis la puissance de cet animal magnifique sous moi.

« Tu as la puissance de venir à bout de ce monstre », me dit la Dame.

« Lion, veux-tu m'accompagner? » « Je préfère regarder depuis ici. »

Je m'emparai des rênes, le cheval s'éleva dans les airs, puis se dirigea directement vers le passage. A notre arrivée, le monstre se retira quelque peu de peur, mais ne libéra pas le passage. « Je peux te détruire maintenant » lui dis-je. Il me regarda de ses trois têtes. Celle de gauche était en colère, sifflait et montrait ses dents jaunies; la droite toute moqueuse, se riait de moi. La troisième, celle du centre, était silencieuse, mais je sentis comme elle avait peur et je pensai même avoir perçu des larmes dans ses yeux.

Le monstre recula de plus en plus, montant à reculons la plage jusqu'à buter contre l'arbre en or derrière lui. Je levai ma main pour le tuer, mais ne parvins pas à m'y résoudre. Au lieu de cela , je jetai mon sabre dans l'eau et descendis de mon cheval ailé qui s'envola immédiatement. Quand je me retournai vers le monstre, je sus que j'étais en train de me regarder moi-même, voyant la peur, la colère, la méchanceté, la suspicion, l'arrogance et la culpabilité.

Le monstre commença à se dégonfler, pour finir de la même grandeur que moi-même. Il demeurait laid, intimidant et déformé. Je savais que je devais le toucher. J'en étais tremblant de dégoût et de peur. La tête gauche continuait à vouloir m'attraper de ses dents et la tête droite se moquait de moi en m'appelant de noms d'oiseaux. Je ne pouvais pas me détourner. Je tendis la main et de la pointe des doigts, essuyai un larme de la tête du milieu, et alors les trois têtes se mirent à pleurer d'une douleur si intense que je ne pouvais que mettre mes bras autour d'elles et les serrer contre moi. Et je savais que ce n'était pas un monstre, mais un bébé, un petit enfant sans défense qui avait été déchiré par l'abus, la violence et la négligence de ceux qui étaient censés l'aimer et s'en occuper. Je partis dans un sommeil profond. A mon réveil, Lion était à côté de moi.

« Où est le dragon », lui demandai-je.

« Là, où il a toujours été », me répondit Lion.

« En moi? »

Il me sourit, et ceci me suffit. Je me retournai pour voir Baleine, mais elle n'était pas là. Je me fis du souci, car elle et moi étions devenus très proches l'un de l'autre durant le voyage. Déchiffrant mes pensées, Lion dit: « La Dame des Rochers a renvoyé Baleine à la maison, car elle était très fatiguée par la quête. Et elle t'a laissé un cadeau ». De derrière l'aile de Lion apparut un merveilleux papillon qui atterrit sur mon nez. Aussi bien Lion que moi-même avons ri. Puis, Lion ajouta: « La Dame des Rochers m'a dit de te transmettre que ce petit papillon saurait toujours où la trouver si tu venais à avoir à nouveau besoin de ses conseils. »

J'ai été émerveillé de sa bonté et souhaitais la bienvenue à ce nouveau membre de notre famille. Je regardais en haut de l'immense arbre d'or. Il s'étendait comme une construction dans les cieux. Lion me demanda: « Es-tu prêt? »

Acquiesçant de la tête, je montai sur le dos de Lion, Papillon demeurant dans la paume de ma main. Ensemble, nous nous sommes envolés, toujours plus haut, et encore plus haut, jusqu'à notre arrivée sur la cime de cet immense arbre en or. Nous nous tenions tous les trois debout devant le Grand Faucon du Perchoir d'Or. Il était très grand. Ses yeux noirs, durs et perçants, me traversèrent pour voir au fond de mon âme. J'ai su de suite qu'il n'y avait rien que cet animal ne sut de moi. Ainsi, aucune explication n'était nécessaire. Pendant un long moment, nous sommes demeurés en silence.

Finalement, le Grand Faucon prit la parole: « Occupe-t'en! » A mes pieds, apparut la Rose. Je me suis penché pour la ramasser, mis mes mains autour de sa tige, mais elle était encore trop lourde. Le Grand Faucon dit: « La Rose est l'Amour. Sa beauté représente la joie et le plaisir de l'amour. Le poids représente la douleur et la responsabilité de l'amour. » Sur ce, il a déplié ses ailes gigantesques et s'est envolé. Lion s'est adressé à moi: « Nous allons rester un moment ici, et tu pourras à nouveau parler au Grand Faucon. Mais pour l'instant, il faut te reposer et réfléchir à ce qu'il t'a dit. » Comme toujours, Lion avait raison. Je me sentais fatigué, et je me suis laissé gagner par le sommeil.

Les changements par lesquels Joe est passé durant son travail avec Margaret lui ont permis de retrouver l'estime de lui-même, le développement d'une compassion profonde et naturelle, et la capacité de ressentir et faire confiance à ses sentiments. Son imagerie n'exprime pas seulement les thèmes classiques de la mythologie et leur survenue spontanée en Joe, mais aussi le caractère unique de son voyage.

Nous pouvons voir dans ce voyage d'auto-découverte, comment l'universel et le personnel se mélangent de manière harmonieuse. C'est l'histoire d'un homme blessé retrouvant sa relation naturelle avec l'univers, retournant à l'état entier au travers de ses voyages.

Aigle.

Régis Capron

Science et chamanisme

Le royaume de la science moderne s'est développé à partir de la conjonction entre deux modes de connaissance: les sens et la réflexion.

La « méthode scientifique » consiste fondamentalement à établir une prédiction à partir d'une théorie, et ensuite à aller dans un laboratoire ou un terrain pour manipuler une seule variable afin de prouver la validité ou l'invalidité de la prédiction. Les scientifiques ensuite retournent à la théorie forts de leurs constatations, incorporent ces dernières dans la théorie, pour ensuite en déduire de nouvelles prédictions soumises à de nouvelles observations (sensorielles). Ce processus intervient de manière idéale dans un environnement où toutes les variables sont contrôlées autant que faire se peut et où les évènements peuvent être mesurés. En bout de course, le scientifique arrive au point où les évènements peuvent être prédits et de cette manière, contrôlés en établissant et contrôlant les expériences antérieures.

Le mouvement d'aller-retour entre une observation (sensorielle) objective et une théorisation intellectuelle nous a fourni une description nourrie sur la manière dont les dimensions perceptibles par les sens fonctionnent. En particulier, le fait que des changements précis dans certains aspects perceptibles par nos sens coïncident avec des aspects d'une manière de penser spécialisée (les mathématiques) a débouché sur une capacité à créer des outils et à pouvoir manipuler notre existence dans notre monde avec un degré de contrôle comme cela n'a encore jamais été le cas.

Les succès de la science nous rendent difficile la tâche de voir ses imperfections. Parmi ces dernières, la plus importante réside dans le fait que les deux autres modes de connaissance, à savoir les sentiments et l'imagerie, se sont vus subordonnés afin qu'ils ne contrecarrent pas la science. Nous en sommes arrivés au point où, fascinés par la prévisibilité et le contrôle que nous avons pu atteindre au travers de la science pour les dimensions des sens et de la réflexion, nous sommes devenus convaincus que les descriptions qui en sont issues doivent également s'appliquer aux sentiments et à l'imagerie.

Mais nous devons réaliser que chaque fenêtre de connaissance est unique, que les expériences qui en sont issues ne peuvent en aucun cas être réduites au résultat provenant des trois autres fenêtres. Et lorsque nous recourons à certaines équivalences, par exemple en comptant le nombre de battements cardiaques, il est important de réaliser que le nombre de battements n'est pas le battement lui-même. Ce n'est qu'au travers de l'*expérience* équilibrée et harmonieuse de *chacune* des quatre fenêtres, par ce qu'elle peut nous apporter, que nous pouvons parvenir à être vrai dans notre être.

C'est pour cela que la science, de par son cheminement non intelligent qui nous a fait établir ce système de croyance qui exclut, est devenue le détracteur le plus important de notre aspiration vers l'état d'être pleinement.

Je souhaite souligner que ce n'est pas la faute de la science elle-même. Le problème réside dans notre tendance trop humaine, à en faire un concept territorial dans lequel nous cherchons sécurité et confort (voir chapitre suivant). Nous avons placé la science sur un piédestal, convaincus que le contrôle va nous apporter sécurité et survie.

Alors que le scientifique apprend principalement au travers des fenêtres de la pensée et des perceptions sensorielles, le chamane lui tire ses connaissances principalement en accédant aux fenêtres des sentiments et de l'imagerie. Il reconnaît l'imagerie comme fondatrice, comme étant en amont et comme transcendant la connaissance au travers de la réflexion et des sens, bien que se recoupant également avec eux. Il connaît les sentiments comme source d'énergie pour la vie et comme moyen de perception. Pour entrer dans les dimensions dans lesquelles il est actif, il déplace son attention vers les fenêtres des sentiments et de l'imagerie. En interaction avec un autre être humain, il peut entrer en contact avec l'imagerie profonde et l'énergie de cette autre personne de manière à ce qu'elle soit aidée pour aller vers une plus grande plénitude, une plus grande santé.

Pour un scientifique, une telle orientation peut paraître magique ou mythique, autrement dit, pas logique. Et ceci est vrai. La logique est une facette issue de la pensée, alors que l'imagerie et les sentiments sont des dimensions expérimentales. Alors, le scientifique peut être tenté très rapidement d'élaborer un jugement et une évaluation de l'imagerie et des sentiments, alors même qu'il s'est empêché d'aller explorer ces dimensions directement, et qu'il s'est assis sur le banc des spectateurs à essayer de comprendre ce qu'il peut voir, au travers de la fenêtre de la pensée.

Le fait de réfléchir au sujet de l'imagerie ou au sujet des sentiments, va nous révéler bien des choses sur la structure de la pensée, comment elle cherche à arranger des concepts qu'elle peut déduire de l'imagerie et des sentiments. Par contre, se plonger tout entier dans l'imagerie et les sentiments est un voyage en soi.

Il va de soi que le chamane doit d'abord avoir fait le tour de l'imagerie et des sentiments avant de ne pouvoir s'y mouvoir librement, il doit avoir atteint sa propre plénitude. Typiquement, le chamane est « choisi » d'une manière ou d'une autre. Peut-être au travers d'un rêve, il fait l'expérience que l'imagerie et les sentiments constituent des fenêtres majeures pour sa vie. Il est ensuite dépouillé de son identité, son corps devenant objet. De façon caractéristique, sa chair est écartée et ses os nettoyés à fond, ou encore il se fait dévorer par un animal. Il parvient ainsi à une nouvelle manière de savoir « qui il est », non plus comme corps physique objectivé, mais au travers des fenêtres complètes que sont l'imagerie et les sentiments. Le corps qui est purement ressenti, est invisible, centré au cœur de l'univers et conscient des énergies universelles. Le chamane peut alors sentir qu'il n'y a pas de ligne divisant les énergies: toute énergie ne fait qu'une. Et l'imagerie est devenue le fondement de sa vue.

Les occidentaux, et en particulier les scientifiques, ont expérimenté pendant longtemps avec beaucoup de difficultés avec le chamane parce qu'ils essaient de le forcer dans la fenêtre des sens et de la réflexion, où les scientifiques sont bien armés, mais où le chamane ne trouve pas sa place. Il n'y a que peu de scientifiques qui ont bien voulu faire le voyage dans le territoire du chamane. Ce voyage ne peut être qu'une expérience vécue où se succèdent les rencontres avec des êtres étonnants et quelque fois terrifiants. Les scientifiques ont tendance à confondre et mélanger les fenêtres des sens et celle de l'imagerie, parce que dans beaucoup de situations, ce sont les mêmes mots qui sont utilisés pour décrire les deux, ou alors à diminuer la validité et l'importance du voyage que fait le chamane en le considérant comme pas « réel ».

Les occidentaux se sont éloignées des fenêtres de l'imagerie et des sentiments. Ils ont mis sur pied des institutions puissantes pour que, forcés, les enfants en fassent de même. La manière cruelle dont les occidentaux ont procédé avec les enfants des peuples aborigènes, en enlevant les enfants à leurs parents, leur interdisant de parler leur langue maternelle et les punissant le cas échéant, en empêchant la relation avec la Nature, ne constitue en fait qu'un miroir pour chacun de nous qui a été éloigné de ses profondeurs intérieures et des fenêtres de l'imagerie et des sentiments.

Le temps est maintenant venu où nous commençons à pouvoir recourir à l'imagerie, à ses tenants et aboutissants afin de contribuer à la guérison et à la santé, à la créativité et à l'expression, au fait de grandir et devenir plus mûr. Y recourir ne signifie pas utiliser l'imagerie comme un outil dans la lucarne de la réflexion dirigée sur son ego, car ceci serait encore une relation de maître à serviteur, mais bien comme une dimension équivalente à la réflexion et respectée comme telle.

Les grands scientifiques étaient, quant à eux, des êtres percevant au travers des quatre fenêtres, même si l'atmosphère sociale générale voulait d'eux qu'ils couchent leur découvertes dans un cadre compatible avec le système de croyance général.

Parmi les plus grands, il y avait Jung. Il savait très bien à quel point il lui était nécessaire d'ancrer ses connaissances dans les coutumes scientifiques et académiques de son temps, au risque sinon d'être rapidement la risée de son entourage. Il utilisa son remarquable intellect pour documenter ce qui lui était devenu clair au préalable au travers de son imagerie. Il avait compris que les territoires de l'alchimie historique menaient à l'imagerie et que le développement, la guérison ainsi que la transformation étaient accessibles au travers de cette fenêtre.

Einstein se sentait chez lui dans l'imagerie, et la plupart de ses idées géniales lui parvinrent au travers de cette fenêtre. Il se promenait sur les faisceaux de lumière comme s'il s'agissait de véhicules pour voyager, et devint conscient des relations existantes entre la lumière, l'espace et le temps.

August Kekule découvrit l'anneau de benzène en se rappelant ses rêves, où un serpent se mordant la queue lui apparut. Combien d'autres chimistes pourraient ou auraient pu, au lieu d'attendre un rêve qui ne leur est peut-être jamais apparu, accéder à la solution du problème qui les préoccupait en consultant leur imagerie au travers de la fenêtre idoine.

On rapporte d'Otto Loewi qu'il a rêvé l'expérience qui lui a permis de découvrir la transmission chimique synaptique. Il paraît qu'il ne s'est pas rappelé son rêve la première fois, alors même qu'il se rappelait que c'était quelque chose d'important. Ainsi, le rêve lui revint la nuit suivante, sur quoi il se leva immédiatement et alla à son laboratoire vérifier le message du rêve par une expérience qui depuis lors est devenue un classique en la matière. Et combien d'autres innombrables scientifiques ont eu une intuition aussi faible soit-elle à partir d'un petit pressentiment ou d'une visualisation qui leur a permis d'avancer dans leurs recherches.

Visiblement, la fenêtre de l'imagerie cherche à nous aider à comprendre le fonctionnement du grand univers et y contribue volontiers. Mais combien de scientifiques ont été formés à consulter leur fenêtre de l'imagerie? Ils sont au contraire entraînés à faire des observations sensorielles méticuleuses, plus particulièrement quand il s'agit de mesurer, soit évaluer la quantité au travers de la pensée. Ils sont ensuite formés à souhait à voir au travers de la fenêtre de la pensée, et plus particulièrement en suivant la filière de ce qui s'appelle la déduction logique. S'ils étaient également formés à consulter les connaissances au travers de la fenêtre de l'imagerie, ceci leur donnerait accès à une ressource supplémentaire immense et fort appréciable qui décuplerait le nombre de directions dans lesquelles ils pourraient développer des expériences. La possibilité de découvrir des relations entre éléments, quand ils s'adonnent à l'établissement des théories, serait fortement augmentée. Leur propre perception de la beauté de l'univers et de la vie, de la profondeur et de la complexité de leur propre nature humaine, s'en trouverait amplifiée et viendrait enrichir leurs recherches de manière incalculable.

L'évolution dans laquelle nous nous plaçons actuellement, est bien plus celle de réorienter notre point de mire que d'abandonner ce que nous avions. C'est un mouvement vers l'inclusion de l'imagerie et des sentiments dans notre vie comme sources valides de connaissances. Il y a des personnes pour qui ces modes de connaissance constituent des chemins naturels, tout comme il y a des personnes qui sont actuellement naturellement attirées vers la réflexion et les sens, car c'est ce qui leur est facile. L' homme nouveau ne sera pas une personne qui rejette les sentiments et l'imagerie, ni un chamane qui rejette la science, mais un homme entier qui vit dans la pleine complexité de son être.

Ozelot

Régis Capron

Identité et être

Nous devons approfondir quelque peu les origines de cette discordance dans la relation entre les quatre fenêtres de la connaissance. Il ne suffit pas d'attribuer cette discordance simplement aux habitudes sociales et aux circonstances spécifiques comme je l'ai fait jusqu'ici.

Bien que sans aucun doute, la manière dont est traité un enfant serve à structurer l'environnement dans lequel il s'agit de survivre, deux questions se posent. Premièrement, ce désalignement avec l'univers paraissant universel, pourquoi les gens sont-ils obligés d'y travailler continuellement pour se réaligner? Deuxièmement, pourquoi une personne pourrait vouloir rejeter des dimensions de qui elle est? – Il se pourrait qu'un aspect crucial du problème réside spécifiquement dans le qui nous sommes, dans notre identité.

Le soi-même, l'égo ou l'identité, qui sont des désignations en somme identiques, émerge d'une application erronée des dimensions de la territorialité. C'est au fond un concept, donc issu du domaine de la réflexion. C'est un ancrage qui se rattache dans la fenêtre de la pensée et qui a pour effet de limiter considérablement l'étendue des explorations que nous pourrions entreprendre pour devenir entier.

L'égo territorial

A la lecture du livre *The Territorial Imperative* (1966)[1] de Robert Ardrey, j'ai été immédiatement interpellé par la similitude entre les postures adoptées par les animaux voulant avertir des ennemis qui cherchent à s'introduire dans leur territoire, et entre les mécanismes de défense tels qu'ils sont décrits par Freud dans sa théorie de la personnalité. Ayant effectué quelques recherches depuis lors, j'en suis venu à pouvoir confirmer que les structures et importances du territoire pour un animal et de l'égo pour l'être humain, reposent sur le même tronc.

Il semblerait que tous les animaux établissent un espace physique de survie ou qui du moins leur est vital pour les aspects primordiaux liés à la survie. Un tel espace a deux dimensions essentielles: un centre et des frontières.

Le centre est systématiquement l'endroit où l'animal se nourrit, dort, s'occupe des petits, copule et met au monde les petits.

Les frontières, lignes qui délimitent ce qui appartient au territoire, font l'objet d'un marquage au travers d'objets spécifiques facilement reconnaissables, tels que des pierres, des arbres, des haies, des poteaux de barrières et d'autres objets facilement identifiables. Ils informent l'animal d'où exactement commence et où s'arrête son territoire, et donc s'il se trouve à l'intérieur ou à l'extérieur. Certains animaux démarquent leur territoire en urinant, déféquant ou en apportant d'autres odeurs, notamment celles qui sont secrétées par les glandes.

---

1   Traductible par «L'impératif territorial»

La délimitation a deux dimensions spécifiques par rapport au positionnement et aux émotions du mâle: l'intérieur est un endroit de courage et d'agressivité, alors que l'extérieur est un endroit de peur et de comportement de retraite.

Typiquement, quand l'animal est dans son territoire et qu'un autre animal s'en approche, surtout s'il s'agit d'un animal qui lui ressemble, il va d'abord prendre certaines postures ou comportements prédéfinis qui avertissent l'intrus de sa transgression: le rouge-gorge fait gonfler sa poitrine rouge, le chien aboie et montre les dents, le taureau grogne et tape des pattes. Il s'agit simplement de comportements destinés à chasser l'intrus. Lorsque ces postures et gestes ne portent pas de fruits, alors l'animal peut attaquer l'intrus.

Si au contraire l'animal est en dehors de son propre territoire quand il rencontre un congénère, il aura tendance à vouloir d'abord se réfugier dans son propre territoire.

Au cours d'expériences fort concluantes avec des épinoches à trois piques (un poisson de petite taille et à comportement territorial marqué), Niko Tinbergen a capturé deux mâles qui occupaient des territoires adjacents dans l'aquarium, les a introduits chacun dans un tube en verre différent empli d'eau. Il immergea ensuite les deux tubes dans l'aquarium en les déplaçant tantôt d'un côté de la démarcation des territoires, tantôt de l'autre. Lorsque les tubes se trouvaient sur le territoire de l'une des épinoches, le poisson dont c'était le territoire se tournait, pour le chasser, vers son congénère, qui lui se retournait pour fuir, bien que les deux fussent en fait enfermés dans leur tube en verre respectif. Lorsque Tinbergen déplaçait les deux tubes de l'autre côté de la limite territoriale, les rôles des épinoches s'inversaient (Tinbergen, 1970).

Il y a un avantage apparemment à se battre sur son territoire, car le plus souvent, s'il y a attaque physique, l'animal qui est sur son territoire gagne, pour autant que les autres paramètres soient approximativement les mêmes.

Dans la structure de l'identité humaine, nous retrouvons des dimensions et fonctions similaires; pour cette raison, je ne peux que présumer que la sous-structure identitaire est territoriale. Néanmoins, dans le domaine de l'identité humaine, les mots et les concepts ont pris un rôle primordial comme éléments de délimitation autour d'un espace conceptuel. C'est ce que j'appelle un territoire conceptuel.

Vous pouvez aller à presque n'importe quel cocktail party et observer comment chacun prend des allures délimitant des territoires. Les gens émettent des sons qui indiquent aux autres leur territoire ou les frontières d'un tel territoire. Ils formulent des politesses et adoptent des mouvements corporels spécifiques, par exemple toucher la main, acquiescer et sourire appartiennent à la délimitation initiale du territoire. Rapidement, s'ensuit une vocalisation des frontières indiquant un territoire bien plus ample: dire où on est né, où on habite ou étudie, quelle est notre profession, quelles écoles et université on a suivies, les sujets étudiés, etc. qui délimitent un territoire *conceptuel*. Nous emmenons ces territoires conceptuels tout le temps avec nous et les mettons à la vue et à l'ouïe de ceux que nous rencontrons. Ce marquage territorial intense constitue notre obsession fondamentale. C'est une activité qui nous préoccupe à un tel point qu'elle nous empêche de faire l'expérience immédiate de qui nous sommes réellement. Le fait de se référer à nos territoires conceptuels nous rend indisponibles pour vivre dans le moment présent. Bien des gens délimitent constamment leur territoire par la parole même quand ils sont seuls.

Il se peut que le territoire de l'animal lui serve également un peu comme identité. Un terrain spécifique identifie l'animal qui y vit et constitue un environnement qui le protège. Aussi longtemps que l'animal protège son territoire, aussi longtemps qu'il avertit les intrus afin qu'ils fuient, ou qu'il s'enfuit à son tour quand il franchit les limites du territoire d'un autre animal, il a des chances de s'en sortir vivant. Tant que l'espace autour de lui est protégé et défendu, il court moins de risques de se faire blesser. Et c'est un espace qui protège également son compagnon et ses petits, qui sont d'*autres aspects de lui-même*.

Il est même possible que la pensée soit issue du processus de constitution des territoires. Car au fond, le territoire de l'animal est lui aussi une abstraction qui est *créée* par l'animal et sa relation avec l'endroit dans lequel il évolue; sans l'animal, le territoire n'a pas d'identité en tant que tel. En établissant son territoire, l'animal en fait *pense*, même si ce n'est pas au travers de mots. Mais il existe effectivement un parallèle entre le territoire de l'animal et les différentes sortes de vocalisations et comportements expressifs. Peut-être même un langage, composé de sons agrégés en lien cohérent entre eux mais distincts de la signification de chaque son individuel, est-il né bien au préalable à ce que nous connaissons aujourd'hui et est-il issu du besoin de l'animal d'annoncer et protéger son territoire.

La soudaine profusion de sons *précis*, rien d'autre que l'évolution du langage en fait, est une dimension qui engloutit la majorité de notre espèce humaine. Si notre hypothèse s'avérait exacte, que l'origine et la rapide différentiation de ces sons sont dus à la territorialité, alors il ne serait pas étonnant de constater que la fonction du langage consisterait principalement à délimiter cette dimension spatiale, autrement dit à *décrire les frontières de notre « réalité » de plus en plus en détail*. Et cette réalité serait alors, cela s'entend (au propre et au figuré), au moins initialement, une expérience physique, c'est-à-dire perçue à travers la fenêtre des sens.

Ainsi, le langage, en tant que principal indicateur des frontières territoriales humaines, évoluerait de manière très proche des sensations sensorielles, bien plus que de l'imagerie et des sentiments. La pensée aurait, toujours dans cette hypothèse, tendance à se diviser en fonction des dimensions de sécurité et de menace, donc à délimiter ce qui est dans et ce qui est hors du territoire. Ce phénomène pourrait expliquer la tendance à réfléchir en polarités. La capacité à reconnaître la frontière de l'espace *au sein duquel nous sommes en sécurité* serait la principale fonction des sens. A partir de la frontière et au-delà, ce serait un endroit d'alerte constante et de menace potentielle.

Par ce biais, la pensée et les sens seraient orientés naturellement vers l'extérieur, pour cause de sécurité, et alors il paraîtrait fou de les tourner vers l'intérieur, ce serait comme abandonner sa propre défense. Le mâle en particulier, apprend à monter la garde le long de la frontière, cette ligne séparant le courage et l'attaque, de la peur et de la retraite. Il arrive que la femelle en fasse de même occasionnellement, mais d'habitude sa place est proche du centre. C'est l'endroit de la nouvelle vie, où les petits sont élevés, et de la sécurité.

En allant plus loin, peut-être que le mâle a besoin d'une femelle vers laquelle il se tourne pour savoir où se trouve le centre. Elle devient un élément au sein du territoire qui représente la chaleur et la nourriture. Néanmoins, il est constamment attiré à nouveau par les limites où il rencontre d'autres mâles qui constituent en même temps la menace et l'occasion de prouver son courage.

Beaucoup de garçons se voient forcés à assumer une identification précoce avec l'état d'homme. Si parmi les caractéristiques qui font un homme, il y a, même de manière cachée, l'établissement et la défense de territoires conceptuels, alors il n'existe plus d'endroit où se reposer; le garçon doit constamment être aux aguets et actif, à parcourir le territoire. Alors, sa vie devient une défense permanente, une posture stéréotypée permanente. Le type de posture stéréotypée par excellence (ou du moins l'une parmi elles) serait celle de l'officier militaire. (Mais alors, la plupart des fortes identités masculines pourraient être assimilées à des stéréotypes, voire même des caricatures.)

La pensée devient la posture stéréotypée adoptée à chaque fois que les frontières du territoire conceptuel sont considérées comme étant en danger. Il ne s'agit pas de quelque chose que nous faisons de temps en temps, mais bien d'une préoccupation obsessionnelle et compulsive. En même temps, c'est l'activité qui crée à son tour les concepts identifiables qui engendrent les frontières. Ainsi, l'absence de pensées constitue la menace la plus importante pour le territoire conceptuel, et ceci déclenche une activité soutenue de réflexion afin de rétablir et défendre le territoire. Quand réfléchir sans discontinuité revient à perpétuer l'illusion de l'identité, c'est alors que nous comprenons pourquoi l'égo vient à se dissoudre lorsque la pensée s'arrête, comme dans un satori zen, par exemple.

Avec le développement du territoire *conceptuel* au sein de l'humanité, les mâles ont mis l'accent sur les frontières, leur protection et défense, alors que les femelles se sont plus particulièrement axées sur ce qui est centré, ce qui est généré, le fait de nourrir.

Les sens et la réflexion sont des qualités masculines. Elles le sont parce que essentielles pour le mâle gardant les frontières du territoire. Alors que les sentiments et l'imagerie sont des qualités utilisées par la femelle dont le domaine est le centre du territoire, endroit où est préparée la nourriture, où dormir, où donner naissance et nourrir.

Maintenant, parce qu'il s'agit de territoires conceptuels et non physiques, ils doivent constamment être créés afin d'être réels, autrement dit l'attention est concentrée pour conceptualiser sans cesse et valider. Ainsi, le territoire devient une caractéristique de son identité au lieu d'être tout simplement un endroit où on se tient. Et…l'opposé devient un endroit qui doit être évité.

Le territoire conceptuel polarise notre conscience sur deux dimensions: les éléments qui se trouvent à l'intérieur du territoire et les autres à l'extérieur. Ceci revient à dire que notre souci principal n'est pas seulement qui nous sommes, mais aussi qui nous ne sommes pas.

On peut procéder comme on veut, sitôt que nous nous décrivons, nous faisons appel en même temps à l'opposé. Si je viens à dire de moi-même que je suis « fort », alors je me décris aussitôt comme n'étant pas faible. Si être fort est un élément essentiel de mon territoire conceptuel, alors être faible sera mon plus grand risque. Et je vais devoir me comporter de façon à démontrer en toute circonstance que je suis fort et éviter à tout prix de paraître faible. Ceci est particulièrement vrai au niveau verbal. Si quelqu'un venait à me traiter de faible, alors je me sentirais obligé de fournir des réponses verbales de toutes sortes, voire même des réponses physiques, afin de prouver, au moins à moi-même, que je ne suis pas faible. La majorité du temps que nous passons en dialogues intérieurs, est absorbé par des arguments entre ces deux dimensions.

Un exercice intéressant consiste à noter toutes les qualités que nous nous attribuons à nous-même, puis de nous décrire en des termes précisément opposés et voir comment nous nous sentons. Les sentiments sont immensément intenses. Pourquoi une simple description peut-elle créer un si fort ressenti et des ruminations à n'en plus finir?

Il est tout aussi évident que si nous prenons au sérieux la description de qui nous sommes (et elle devient souvent un système de croyance puissant), une autre personne qui nous décrit en termes opposés ne peut que constituer une menace directe. La menace la plus directe est un autre être humain qui parle. Notre aide la plus importante est un être humain qui est d'accord avec notre description. Ainsi, une autre personne qui parle peut à la fois être la menace la plus importante et l'aide la plus importante. Pour cette raison, je dois rechercher la proximité de personnes qui pensent comme moi et à partir de ceci, une culture se crée.

En vérité – par « vérité » j'entends le meilleur alignement que peuvent prendre les mots avec la manière dont l'univers fonctionne – cette polarité est bien trop étroite pour refléter la riche complexité de notre être véritable.

Les bouddhistes disent qu'il existe un endroit où nous sommes un avec l'univers, où toutes les qualités de l'univers sont des qualités de nous-même.

Frontières sociales

Le rituel social de l'homme découle de l'interface entre les territoires et est étroitement lié aux postures expressives et défensives que l'animal adopte quand il se trouve aux abords de son territoire. Les humains procèdent à de nombreuses extensions en fonction du niveau de territoire dont il s'agit. Les activités obsessivo-compulsives des personnes névrotiques sont l'expression d'un rituel à la frontière du territoire conceptuel, quand elles sont menacées par des éléments de l'ego plus profond, en particulier les éléments émotionnels que sont la colère et la peur, mais peut-être aussi des éléments de prise de conscience quant à la fausse conception par rapport à leur identité.

Les rituels sociaux de politesse et de bonnes manières constituent un rituel qui caractérise la rencontre de territoires au sein d'une configuration sociale plus large. En fait, l'activité ritualisée à ce niveau constitue quelque fois la seule et unique activité pour certaines personnes: toute interaction sociale correspond, pour elles, à une prise de posture ritualisée; rien n'est réel ou vrai ou ressenti profondément. Certains parents ont rapidement tendance à pousser leurs enfants dans cette direction, en confondant rituel et relation authentique. En fait, beaucoup de personnes ont faim d'une relation authentique, mais se trouvent prises au piège dans les filets d'une ritualisation sociale apprise tôt dans leur vie. Par exemple, ils sourient quand ils sont tristes, ou ont envie de pleurer, ou bien sont en colère et ont peur. Le rituel des frontières territoriales consistant à sourire prend le dessus sur l'expérience qu'ils pourraient vivre avec une personne en qui ils ont confiance et qu'ils aiment s'ils étaient au centre de leur territoire. Mais souvent, même une personne qu'ils aiment sera rencontrée de cette manière. Alors, tout autre être est rencontré comme étant d'un autre territoire.

A ne pas confondre, la cérémonie est quelque chose de plus profond. C'est quelque chose qui constitue comme le pas d'une porte, une entrée vers une rencontre avec notre être plus vrai, plus profond. La cérémonie est une activité dans laquelle nous nous engageons de manière volontaire (par opposition à automatique) qui nous met en lien avec une dimension plus profonde de l'existence. De ce fait, la cérémonie, bien qu'objet de confusion avec le rituel pour les personnes qui n'ont jamais fait l'expérience de sa profondeur, est en fait l'opposé du rituel qui nous éloigne de qui nous sommes pour faire de nous une personne conformiste.

Il convient de relever que nous avons une tendance naturelle à entrer dans des rituels à un certain âge. Il arrive que nous ayons été forcés à suivre des rituels bien avant cet âge, mais ensuite cela devient un moyen de survivre à la critique ou d'éviter la punition, donc au fond une réaction d'évitement plus qu'un engagement réel.

On pourrait se demander, si vraiment notre identité se forme à partir de concepts que nous nous construisons continuellement, pourquoi nous ne nous forgeons pas des identités étincelantes si déjà nous les portons à la vue de tout le monde. Pourquoi alors existe-t-il des personnes se fabriquant l'identité de quelqu'un qui a échoué, ou de quelqu'un qui nest toujours déprimé? Il faut nous rappeler que l'identité n'est pas construite dans un vide d'air. L'enfance durant laquelle nous apprenons à survivre, est marquée par des adultes qui nous entourent et qui ont délimité leurs propres territoires. Qu'arrive-t-il à un enfant dont le parent insiste pour garder toute la puissance au sein de la famille, ou qui veut être le seul à tout comprendre, et donc, dont l'enfant a pour seule possibilité de prendre la qualité opposée afin de maintenir l'identité du parent? Serait-ce la raison pour laquelle tant d'enfants doivent quitter leur chez-soi avant d'avoir découvert leur vraie identité? Ou la raison pour laquelle certains d'entre eux n'osent jamais?

L'ombre

Le travail avec les animaux de la polarité implique d'aller auprès des deux pôles opposés de l'énergie continue, d'inviter un animal à émerger de chacun des pôles, d'apprendre à les connaître ainsi que les circonstances qui les entourent avant de les faire se rencontrer afin qu'ils puissent interagir et faire ce qui est nécessaire afin de parvenir à l'harmonie. La possibilité ultime consiste à demander aux deux animaux s'ils sont disposés à se réunir, à se fondre l'un dans l'autre. Il se peut qu'un travail préalable doive être fait avec l'un d'eux avant ce stade, mais une fois arrivé au stade de la fusion, d'habitude il en ressort un nouvel animal. Parallèlement, l'individu traverse également des changements.

En allant plus loin ceci peut amener à prendre conscience que l'identité d'une personne est en réalité un pôle de de la ligne de l'énergie de l'Etre: mon identité est en fait une extrémité de cette ligne d'énergie de mon être. A l'autre extrémité de cette ligne se trouve ce qui parfois est appelé l'Ombre – une identité que nous rejetons afin de maintenir notre propre identité. Ainsi, c'est une rencontre de première importance de se retrouver en face de l'autre extrémité de son énergie et de réaliser que la croissance ultime réside dans la fusion avec l'opposé de soi.

Dans ma propre évolution, ceci m'est arrivé soudainement au cours d'un des séminaires que je donnais. Alors que j'étais en train de guider une personne en voyage, juste au moment où elle rencontrait des difficultés, je vis tout-à-coup, au-dessus de l'épaule gauche de cette personne, une femme apparaitre. Je reconnus certaines caractéristiques d'une femme que j'avais en fait rencontrée à Santa Fe et pour laquelle je ne ressentais aucune affinité: une façon de s'accrocher aux gens, manipulatrice, une certaine cruauté endurcie, et d'un égocentrisme très marqué. Il n'était pas surprenant que j' éprouve d'importantes difficultés à m'entendre avec elle. J'avais une telle envie de lui échapper, et pourtant j'avais presque une compulsion à l'écouter jusqu'au bout et à lui donner tout ce qu'elle demandait. Je pris conscience alors que la femme de l'apparition, avait encore d'autres caractéristiques qui ne lui appartenaient pas, et alors je réalisai que j'étais en fait en train de voir mon propre pôle opposé. J'étais fasciné par elle et par ce que je reconnaissais à mon propre sujet.

J'attendis jusqu'à la fin de la session où j'avais guidé la personne. Puis, je dis au groupe ce qui m'était arrivé et que je venais de réaliser pour la première fois que qui nous sommes, est un pôle de l'énergie de notre être. C'est une localisation au sein de notre être, autour de laquelle nous avons cristallisé une identité, et du fait que c'est un pôle, celui-ci connaît un opposé qui lui permet de se maintenir. Que cet opposé comporte notamment les caractéristiques que nous rejetons le plus vigoureusement et que par cette exclusion, nous maintenons ce que nous appelons le « moi ».

Manus Campbell, le seul autre homme du groupe, s'est offert pour me guider. Je me couchai sur le sol, les bras écartés. Alors qu'il me guidait au travers de la relaxation, je me suis retrouvé dans la campagne, couché sur un grand cercueil en marbre, entouré d'animaux. Dans le ciel, mais à une distance confortable, se trouvait la femme dont je vous ai décrit les caractéristiques, mon opposé. Je vis qu'elle était relativement lumineuse. J'ai demandé aux animaux ce qui devait arriver. Ils m'ont répondu que je devais fusionner avec la femme. Je me sentis malade à cette idée et ressentis, surtout dans mon côté gauche, de la répulsion à son égard. Elle commença à s'approcher de moi, et de ce fait ma répulsion grandit. Je me sentis presque paniquer. J'ai demandé aux animaux s'ils étaient sûrs que ce qui devait arriver, c'était bien la fusion. Et tous acquiescèrent autant qu'ils pouvaient. Alors, je me laissai ressentir ce que je pouvais ressentir, pendant qu'elle continuait à s'approcher. Ma respiration devint très rapide et je me suis aperçu que j'étais en train de me concentrer sur mon plexus solaire. Au moment où elle entra en contact avec moi, mon corps eut des spasmes et je sentis que mes poumons étaient vidés d'air. Je fis l'expérience d'émotions étranges et intenses. J'observai avec étonnement comment elle continuait à me traverser, puis à s'enfoncer dans la terre alors que mon corps s'élevait dans le ciel.

Lorsqu'elle eut atteint la terre, le cercueil de marbre sur lequel j'avais été couché se ferma aussitôt sur elle comme une porte. Je me sentis surpris à cette inversion des positionnements et eut une sensation comme quoi la terre était féminine et le ciel masculin, et que ma place était plutôt dans le ciel que sur terre. Et pourtant la terre avait été mon animal (ou élément) de racine pendant bien des années, m'aidant, me nourrissant et me fournissant un chez-moi où que je sois. Je ressentis ce qui venait d'arriver comme une perte. Je m'adressai à la terre et lui demandai si elle continuait d'être mon animal de racine. La réponse qui me revint immédiatement de tous ceux qui m'entouraient, fut: « Dorénavant, c'est l'univers ton animal de racine! » Je me sentis porté par les bras de l'Univers, très doucement, comme si j'étais un petit bébé. Le ressenti était délicieux. L'Univers me dit: « Je t'ai toujours porté, et je vais toujours te porter! ». Je sentis à quel point cette vérité était profonde et vraie, et que l'Univers nous porte tous, chacun de nous, et aime chacun de nous. Je me rendis compte à quelle vitesse nous avons tendance à oublier ce fait.

A mon retour dans la salle, je me sentis très proche de chacun des participants, d'une manière très belle. Je sentis également comme mon corps était léger et bougeait avec facilité. Depuis ce moment, quelque chose a changé en moi, même si c'est difficile à décrire avec des mots. Je le sens en ce moment même où j'écris ceci. Mon écriture se fait avec une grande facilité, sans effort. Je ne me pose pas de question au sujet de ce que je dois dire ou non. Les mots me viennent simplement. Dans mon travail, je sens une connexion plus profonde avec mes clients et les personnes qui suivent mes séminaires. Ce que je fais avec eux, ce que je leur dis, me vient avec plus de spontanéité et je ressens une tendresse chaleureuse envers eux. Ma voix semble avoir une modulation plus ample. Je me sens riche en énergie et n'ai aucun souci par rapport à mon apparence.

Se connaître soi-même

Il existe deux manières de percevoir le processus de changement: dans son immédiateté, c'est-à-dire dans la façon dont les changements interviennent à l'instant même, et par la comparaison, c'est-à-dire en comparant quelque chose dans le présent avec ce qui est enregistré dans la mémoire. Lorsque nous rencontrons quelqu'un qui diffère de ce qu'il était anciennement, c'est en se rappelant comment la personne était auparavant que nous devenons conscients du changement intervenu. La mémoire est essentielle pour reconnaître des changements qui prennent beaucoup de temps.

Néanmoins, quand nous imposons à la mémoire la demande qu'un élément préalable soit remémoré avec consistance, elle devient l'agent de ce qui est statique, elle devient porteuse d'un schéma imposé comme immuable. Lorsque nous demandons à ce que plus de confiance soit accordé à ce qui émane de la mémoire qu'à ce qui est observé de manière immédiate, nous créons une brèche vitale dans notre être entier. Tout particulièrement quand nous fonctionnons par mémorisation de ce qui est verbal, nous devenons les pourvoyeurs de schémas immuables; dans de nombreuses instances, nous avons pris l'habitude de prendre ceci, de manière erronée, comme éducation et formation.

Il n'en demeure pas moins que ce sont les deux manières de constater le changement et qu'elles ont une importance primordiale lorsque nous tentons de savoir qui nous sommes. Je peux me connaître moi-même comme étant le changement qui est en train d'intervenir actuellement en moi. Pour ce faire, je dois être disposé à faire l'expérience pleine et profonde de moi-même, à me mettre en contact direct avec mon état vivant fondamental.

Je peux aussi me connaître au travers d'une comparaison entre le présent et le passé. Je procède alors à une juxtaposition du passé avec le présent. Ceci me demande néanmoins de réduire le moment présent à des mots, à des pensées: ceci me divise en deux. La comparaison implique ensuite un jugement permanent. Nous avons déjà vu que la fonction principale de la pensée consiste à labelliser, à comparer et catégoriser. Ainsi, lorsque nous cherchons à nous connaître nous-mêmes au travers de la fenêtre de la réflexion, nous sommes réduits à exister au travers de la comparaison, donc du jugement continu.

La mémoire figée qui nous sert de point de comparaison continu, est en fait une description de nous-même ancrée dans la mémoire des évènements: des choses qui nous sont arrivées, que nous avons faites ou obtenues, ou qui nous ont été décrites par d'autres tout au long du chemin qui nous a mené au présent. Le « passé personnel » est un sentier étroit retraçant des descriptions et autres éléments mémorisés que nous désignons comme « réels » et auxquels nous attribuons le rôle de fondation de notre vie. Ceci nous a mené à « être qui nous sommes ». Mais en réalité, c'est une dimension qui nous fige dans qui nous étions, qui empêche l'évolution et notre cheminement vers être entier. C'est la dimension qui nous met des bâtons dans les roues dans le processus de devenir qui nous sommes destinés à devenir, quand nous cherchons à grandir pour devenir entier.

L'énergie et les sentiments emprisonnés dans ce sentier étroit, peuvent être libérés en arrêtant cette comparaison constante et en autorisant le *nous-même* à se refondre avec les quatre fenêtres pour connaître. Afin que ceci puisse arriver, nous devons passer par le sacrifice de notre identité qui nous relie à ce sentier de la mémoire. Car l'identité est la description figée de qui nous sommes par comparaison. Une fois la fusion accomplie, le qui nous sommes émerge directement de la plénitude de notre mythologie personnelle qui est toujours un évènement vivant dans le présent. Ce « nous » jaillit directement du sentiment de vivre l'expérience au présent, de notre conscience immédiate des circonstances qui nous entourent dans le présent. Nous cessons alors de « gober » ce que décrit la pensée et, en conséquence, nous reconnaissons que le « qui nous sommes » coule directement de la prise de conscience, que la pensée n'est qu'un simple processus continu que nous exécutons.

La pensée qui contrôle l'attention

Nos pensées se sont emplies d'une histoire sans fin au cours de laquelle nous n'arrêtons pas de nous raconter qui nous sommes. Ceci est la structure primaire du territoire conceptuel. Cela nous confine dans un territoire connu et sécurisé dont les frontières nous séparent d'avec le reste du monde dont les étendues représentent l'inconnu et ce dont nous avons peur.

Mais pour que ce système de croyance fonctionne, il doit pouvoir compter sur la participation du monde. Pour que l'histoire continue à être vraie, nous nous devons de contrôler la situation et la partie du monde qui est comprise dans notre environnement. Il est important que la description continue de qui nous sommes repose sur l'opinion du monde qui nous entoure. Si tel n'est pas le cas, nous sommes rapides à combler l'élément manquant. Qui de nous n'a pas entendu quelqu'un qui a été profondément blessé nous parler de l'évènement en question en diminuant le degré de la blessure ou alors en indiquant que la personne coupable de cette blessure va certainement être punie incessamment?

Les pensées constituent un moyen pour guider notre attention de manière que qui nous sommes et le monde continuent à évoluer en conformité avec l'image que nous nous somme forgée, donc à l'intérieur de ce que nous connaissons déjà et à être rassurant. La réflexion fait ceci en attirant continuellement l'attention afin de passer d'une pensée à une autre, sans discontinuité. Ainsi, même la pensée d'être conscient et de s'orienter sur autre chose, devient menaçante, quelque chose à éviter. A ce point-là, la réflexion s'est emparée de l'attention et le mécanisme des commentaires intérieurs fonctionne à plein régime.

La constante ultime, c'est la conscience. Mais la conscience se concentre sous les feux des projecteurs de l'attention, et ce qui est en point de mire de l'attention, devient aussitôt ce que nous vivons. Pour un animal, pour qui la conscience est fluide et pleine, celle-ci se dirige où elle se dirige et l'animal suit simplement. Comme la conscience est pleine à l'origine, l'animal a un centre. Pour nous par contre, vu par le développement évolutionniste que nous avons connu, nous sommes devenus capables d'une conscience immense. Mais cette Grande Conscience s'est vue divisée en de nombreuses petites attentions qui nous relient à de nombreux petits endroits simultanément, tout comme Gulliver s'est retrouvé attaché et immobilisé par les Lilliputiens.

Avec la réflexion, la pensée est à même de rediriger l'attention dans de nouveaux endroits. Ceci nous permet d'anticiper le futur et d'obtenir une réminiscence du passé, de créer de nouvelles dimensions, des mondes théoriques, la science et la science fiction. Quand nous atteignons le stade où l'attention passe d'une pensée à la suivante et que la réflexion ne peut plus s'arrêter, la pensée a capturé l'attention. Certaines pensées étant plus agréables que d'autres, la réflexion nous dirige vers celles-ci et nous fait éviter les pensées qui sont désagréables. Ainsi, la pensée acquiert la capacité d'explorer et d'éviter. A partir de ceci, la pensée développe la croyance que si ce genre de guidance venait à cesser, il n'y aurait plus de contrôle, qu'elle deviendrait folle et mourrait. Toutes ces conséquences sont inscrites comme possibilités et ainsi la pensée se met à croire que sa propre continuité est essentielle pour la survie de l'organisme. Ceci n'est bien évidemment pas vrai, mais la pensée développe cette croyance erronée afin de se perpétuer elle-même. A ce point, la réflexion commence à employer les mécanismes de survie profonds pour assurer sa propre pérennité. Cette réaction devient peu à peu nocive pour la survie et le bien-être de l'organisme lui-même.

Comme évoqué précédemment, notre identité est issue de la continuité de la pensée, ce système de croyance maintenu qui a capté notre attention. Une fois que l'attention a été emprisonnée, il lui est difficile de retrouver la liberté que constitue la conscience. La méditation a développé une technique afin de ramener la pensée à un endroit où l'attention pourra être libérée de son emprise, où la conscience sera autorisée à se mouvoir librement. Cela peut se ressentir comme la mort de l'individu ou de l'individuel, mais en réalité c'est la libération de la conscience de l'emprise de la pensée et l'autorisation d'en finir avec le *système de croyance* de « qui nous sommes ».

L'imagerie a décrit la conscience capturée dans le mythe de Prométhée qui a volé le feu des Dieux. A titre de punition, il a été cloué sur une falaise où son foie était dévoré tous les jours par des rapaces et se reformait la nuit. C'est ce que nous nous faisons à nous-même en quelque sorte: nous clouer à un emplacement déterminé où une identité précise qui est maintenue le jour au travers de la pensée continue. Pendant la nuit, nous nous autorisons à retourner dans l'imagerie, où l'identité peut être vue d'une façon plus complète par rapport à nos autres aspects. Les rêves nous viennent de la dimension plus large de « qui nous sommes » vraiment.

Parfois, cette identité se trouve trop en contradiction avec les circonstances de la vie. Par exemple, l'identité peut être en opposition ouverte avec les faits de notre vie. Une personne faible peut croire qu'elle est forte, ou inversement une personne forte qu'elle est faible. Les circonstances de la vie peuvent être tellement extrêmes que notre identité se cristallise en opposition à ces circonstances pour un certain temps, un retournement de situation étant toujours possible. Si le retournement de situation est brutal, ce changement est appelé « décompensation » ou « cassure psychotique ». Juste avant ce point de rupture, l'obsession de se contenir au travers de la pensée atteint un sommet.

Il nous est possible de nous libérer de notre identité graduellement et facilement, ce qui constitue en fait l'essence même de la plupart des religions à l'origine. Quand elles y parviennent, elles nous amènent dans un état de fluidité, où nous ne percevons plus qu'en termes de continuité par rapport à l'univers, non pas séparé de ce dernier, mais bien dans une relation permanente, comme participant en tant qu'Être humain plus large que nous sommes.

La difficulté réside dans le fait que bien des religions se sont encroûtées dans des systèmes de croyance qui sont réitérés et maintenus avec la même ténacité que pour les identités individuelles. En d'autres mots, le système de croyance de la religion devient la structure de sa propre identité. C'est à ce point de jonction que les religions échouent par rapport à l'individu. Et également où elles entrent en collision l'une avec l'autre.

L'identité emporte toujours une contrainte par rapport à la totalité que constitue un individu. Une identité est toujours une limitation. Elle implique l'exclusion, séparant l'individu de la continuité de l'Univers.

Ceci nous mène à la question de savoir qui en vient à rentrer en contact et à interagir avec les animaux dans l'imagerie profonde. Il arrive, au cours de l'expérience, que nous nous trouvions en présence immédiate des animaux. D'autres fois, c'est une image de nous-même qui les rencontre, et cette image de nous-même a la capacité de se transformer, de devenir un enfant ou une personne plus âgée que nous ne sommes au moment du voyage, ou de prendre d'autres apparences. L'être qui rencontre les animaux, c'est notre identité. Et l'imagerie nous démontre que nous pouvons avoir beaucoup d'identités. Celles-ci sont guidées par les animaux au travers d'une série d'expériences qui aboutissent à la croissance de ces identités, fréquemment au travers de fusions l'une avec l'autre, puis au travers d'une expansion, et finalement d'une libération.

La goutte retourne à l'océan

« Tous les aspects « extérieurs » ont été accidentels. Seul ce qui est intérieur a prouvé avoir une substance et une valeur déterminante. Il en résulte que toute mémoire quant à des évènements extérieurs, s'est estompée, et peut-être que ces expériences « extérieures » n'ont jamais été vraiment essentielles de toute façon, ou l'étaient mais parce qu'elles coïncidaient avec des phases de développement intérieures .»[1]

C'est ainsi que Carl Jung présente son autobiographie. Que devons-nous comprendre à partir de ceci? Que Jung, avec son intellect phénoménal, devient un peu superficiel quant il s'agit de sa mémoire sur des évènements spécifiques de sa vie? La vérité est à chercher bien plus profondément. L'entrée dans l'imagerie, ou pour reprendre ses termes, dans l'inconscient, ouvrent notre être de manière telle que les évènements de notre vie perdent leur structure reliante, la capacité à former l'identité, telle qu'ils le font pour la population de manière générale. Les évènements de notre histoire personnelle s'entremêlent et se dissolvent dans cet océan où se trouvent les dynamismes de notre imagerie profonde. Les évènements de notre passé dont nous nous souvenons, ne constituent après tout qu'une petite partie de l'imagerie. Les maintenir séparés et en faire une structure identitaire, revient à faire divorcer une énergie que l'on supposerait entière, d'avec

1   G. Wehr: Jung: A Biography, Shambhala, 1988, p.3

111

sa totalité. Lorsque nous nous lançons dans nos profondeurs, nous faisons fondre les limites qui contenaient les évènements du passé sur lesquels reposait notre identité. Et nous les faisons retourner dans l'océan des dynamiques profondes de notre Être. Ceci résulte naturellement du dialogue que nous entamons avec notre inconscient. C'est le résultat organique du développement d'une relation respectueuse avec notre imagerie profonde.

Hérisson

Régis Capron

Le temps de la pensée handicapée

Les Âges ténébreux des émotions

Le Moyen-Âge ténébreux fut une période entre 476 et 1000 de notre ère. L'apprentissage s'arrêta durant ce temps en Europe. Les connaissances existantes furent préservées dans quelques monastères. La pensée cessa d'explorer de nouveaux territoires pour se limiter à répéter par cœur les quelques connaissances encore en circulation. Nous sommes sortis de cette période, pour rentrer dans l'époque des lumières, ce monde bourgeonnant de créativité et d'invention qu'est devenu l'époque moderne.

Par contre, au niveau émotionnel, nous ne faisons que quitter le Moyen-Âge ténébreux. Une époque où les sentiments devaient être ressentis (ou évincés) sur commande, sans attention individuelle, ni style personnel, ni liberté d'explorer cette dimension, ni autorisation à connaître l'univers à travers cette fenêtre. Et la même chose valait pour l'imagerie. L'imagerie autorisée était standard, au mieux en lien avec les origines de la nation ou de la famille, ou en relation avec l'univers, avec Dieu. Aucune liberté d'explorer l'imagerie personnelle, comme elle se présentait, comme elle était découverte individuellement et de manière unique, mais bien un recours à une imagerie standardisée et approuvée, une imagerie qui était dictée et dominée par la pensée et le contrôle.

Espérons que l'ouverture de la fenêtre de l'imagerie ou de celle des sentiments, va autant porter ses fruits et être libératrice pour notre humanité naturelle que l'a été la réouverture de la fenêtre de la pensée pour l'innovation et la créativité naturelle. En fait, les effets seront probablement plus forts car cela nous permettra en plus, quand nos quatre fenêtres seront ouvertes et que notre centre sera vrai, de nous mettre en équilibre. Alors nous entrerons pour la première fois en tant qu'êtres vivants, dans notre vraie plénitude et notre vivacité.

Le temps de la pensée handicapée

J'ai la vision d'un temps à venir, peut-être déjà dans 100 ans, peut-être dans 500 ans, quand les humains seront en situation de se demander, rétrospectivement, pourquoi nous nous acharnions à blesser nos jeunes et à perpétuer nos propres blessures.

Peut-être que le point dont est issu cette évolution, sera considéré comme étant arrivé avec René Descartes, lui qui cherchait une base solide sur laquelle faire reposer son existence et qui la trouva dans la pensée. Bien sûr, il est arrivé à cette conclusion en y *réfléchissant*. Il est évident que la pensée cherche une justification pour son existence. Comment pourrions-nous lui en tenir rigueur? Si nous considérons sérieusement que la pensée elle-même - ou une personne dont l'identité est fermement ancrée dans la pensée - peut parler, alors, la parole classique « *Je pense, donc je suis* » nous montre que c'est l'identité territoriale qui parle et non les profondeurs de la personne. Et il faut bien admettre que cela est vrai. *Cela est vrai pour l'identité, mais pas pour l'être dans sa totalité.* Nous pouvons espérer que nos descendants passeront en revue les blessures causées par cette approche et qu'ils se seront rendu compte que ces blessures découlent d'une conclusion erronée tirée de l'hypothèse que la pensée est la fondation de l'être.

C'est à partir de cette conclusion que nous justifions la manière dont nous remplissons nos enfants avec des pensées et les formons, les mettons en condition et les entraînons à répondre à nos demandes et attentes. Sinon, nous serions à même de réaliser à quel point nous les blessons gravement, que nous empêchons leurs pensées d'être un processus large et global tel qu'il devrait être, et que nous en faisons des fractions petites (dans tous les sens du terme), rigides et limitées par rapport à ce qu'elles étaient à l'origine. Cette petitesse de la pensée a pour fonction première de justifier l'existence de l'enfant aux autres, en tout premier lieu aux parents et aux enseignants.

Nos futurs descendants, quand ils regarderont ce que nous avons fait, vont se demander: « Mais comment pouvaient-ils être aussi aveugles? » Sauront-ils voir que chacun de nous nous était enfermé dans un territoire conceptuel restreint, et que pour justifier cet emprisonnement, nous emprisonnions à notre tour nos enfants?

Nous avons besoin d'un accouchement depuis la matrice de la pensée. Nous avons besoin de faire un pas audacieux, de nous découvrir du courage pour aller explorer l'inconnu en nous-même. Nous nous devons de quitter cet enfermement dans ce domaine supposé sûr, où nous devons d'abord tout passer à la moulinette de la pensée, avoir une réponse à tout avant d'agir, savoir avant de nous permettre de nous exposer à l'excitation d'être.

Ce n'est pas la pensée qui est le problème, c'est la manière dont nous l'utilisons. Ou plus précisément, c'est la perspective issue de la pensée au travers de laquelle nous voyons le monde ainsi que nous-mêmes, qui pose problème.

Comme je l'ai dit, ce n'est pas la pensée qui est le problème, mais le fait que nous ne soyons pas conscient du fait que nous pensons, et que nous pensons que les pensées sont vraies. Elles ne le sont pas; ce ne sont que des pensées.

Les pensées sont très semblables aux sentiments en ce qu'elles ne sont pas visibles et qu'il est donc facile soit de ne pas en tenir compte, soit de les attribuer à quelque chose ou quelqu'un d'autre. Il est étonnamment facile d'attribuer les pensées à leur référant, à savoir de penser que la pensée « est » ce sur quoi elle porte, autrement dit que la pensée est la même chose que l'objet sur lequel elle porte. La pensée constitue en fait toujours une limitation par rapport à l'objet sur lequel elle porte; en particulier, la pensée évince le mystère d'un objet.

Le fait d'étouffer l'esprit d'un enfant commence tôt et avec la meilleure des intentions. En plus, le phénomène commence d'une façon dont les parents ne sont absolument pas conscients: avec le contrôle du langage.

Qui n'a pas vu un jeune enfant être bombardé par les commandements de ses parents de faire tel son, tel geste, tel comportement spécifique, pour que les autres les admirent ou pour que cela plaise aux parents. « Fais un sourire à grand-maman. » « Dis areu. » « Fais signe de la main. » « Ferme les yeux et dors maintenant. » « Mange ce qui est dans ton assiette. » « Va faire pipi sur le pot comme un gentil petit garçon. » « Arrête de pleurer. » Absolument aucune importance n'est accordée à la volonté de l'enfant, ni à savoir s'il est disposé à faire une telle chose ou non, ni même si cela est réellement fait dans l'intérêt de l'enfant.

Mon épouse et moi n'avons jamais demandé à notre fille qu'elle mange ce qu'elle n'avait pas envie de manger. Ainsi, il arrive qu'elle mange très peu à un repas. Mais nous avons remarqué qu'il y a des moments où elle dévore tout ce qui est mis devant elle et que ces périodes viennent par cycles. En plus, chaque période où elle dévore précède une période de forte croissance. Il y a quelque chose dans l'enfant qui anticipe quand va arriver une période de croissance et qui assure qu'elle prenne la nourriture qui lui est nécessaire, ainsi que l'énergie qui sera indispensable pour la croissance. Je pense souvent que si nous étions des parents qui obligions notre fille à manger ce qu'elle a dans son assiette, et si elle venait à obéir, ceci supprimerait les mécanismes subtils qui savent vraiment ce dont elle a besoin, et que cette fine concordance entre son appétit et les besoins de son corps se verrait démolie. Elle mangerait alors pour une raison ou une autre: pour éviter notre colère, afin de ne pas se sentir rejetée, pour paraître une gentille petite fille, acceptable et adorable (au propre et au figuré), etc. En fait, elle écoute étroitement ses besoins et nous n'avons pas pensé à évincer sa propre concordance avec un programme de notre volonté. On peut comparer cette enfant avec ceux qui sont nourris à heures fixes depuis la plus tendre enfance: leurs propres besoins, leur connaissance profonde, sont sacrifiés sur l'autel de l'horloge, cette grande invention qui est la nôtre, qui a emporté la subtilité et la fluidité du changement et qui l'a transformé en bouchées pratiques qui ne peuvent être vérifiées que par ce qui vient de l'extérieur.

Le sacrifice de notre propre connaissance intérieure au profit des mots ou structures provenant de quelqu'un d'autre, constitue le début de la perte de l'esprit. Il est évident qu'il faut une certaine coordination: les activités des parents doivent être coordonnées avec celles de l'enfant et pour ce faire, il faut une certaine conscience de la part des parents. Mais si la connaissance intérieure des parents a elle-même été ignorée en son temps, si la connaissance d'eux-mêmes leur fait défaut, comment peuvent-ils alors être attentifs au même élément auprès de l'enfant?

Ainsi, ceci est un problème perpétué de génération en génération. La manière dont un nouveau-né est traité dans les maternités, sans parler de ce que doit subir la mère, est un vrai scandale. Une infirmière m'a réellement dit, alors qu'elle s'apprêtait à prendre du sang du talon de notre fille qui était née à peine six heures auparavant: « Ils ne sentent rien à cet âge, ils ne sont pas conscients. » Si elle n'était pas consciente et qu'elle ne sentait rien, alors elle n'aurait pas pleuré! Il se peut qu'elle n'emmagasine pas l'évènement dans sa mémoire de façon à lui permettre de l'articuler ultérieurement, mais ceci n'est pas la même chose que ne pas être conscient! Le scandale réside dans le fait que nous transmettons l'ignorance de la connaissance, comme l'a fait l'infirmière, et le moment où cela arrive pour la première fois, c'est quand notre connaissance intérieure est évincée au premier âge.

Une fois que j'ai abandonné la conscience de mon état corporel, ce qu'on peut appeler aussi mes sentiments intérieurs, et que je suis les paroles d'une autre personne, je transmets la responsabilité de moi-même à cette personne. C'est le début de la guerre! La guerre ne peut se produire que quand les gens suivent les injonctions des autres, à procéder à une invasion, à tuer, à renverser, au lieu d'écouter leurs propres sentiments profonds et leur voix intérieure. Une armée ne peut être constituée avant d'avoir constitué cette brèche.

Une fois que nous nous sommes défaits de notre conscience en la soumettant au contrôle exercé par les mots d'un autre, au lieu de demeurer à l'écoute et en concordance avec notre voix profonde intérieure, nous commençons aussi à divorcer de nous-même. Alors, *nos propres paroles* vont commencer à évincer notre conscience profonde. Ceci mène à une ère où la pensée est le despote, quand la pensée prend le contrôle et craint ou du moins pense qu'elle doit prendre le dessus sur les sentiments. C'est la période que nous avons vécue pendant les 400 ou 500 dernières années, et une chose que nous avons côtoyé depuis 5000 ans. Ceci n'est *pas* une période d'interrelation harmonieuse entre les différents aspects de qui nous sommes.

J'appelle ceci une période durant laquelle la pensée est handicapée, parce que la réflexion, afin d'être pleine et saine, doit se placer en équilibre harmonieux avec les autres aspects qui font le nous. Mais la pensée n'a pas été dans une telle position. Nous avons tous été conditionnés à nous comporter, dans nos scripts, comme si la réflexion était le facteur dominant, qu'elle devait pouvoir survenir avec une réponse, une solution immédiate quelle que soit la situation de notre vie. Nous en avons fait quelque chose d'automatique, soi-disant en suivant une ligne tracée par la raison et la rationalité, mais en fait plutôt comme fonctionne une machine, au lieu de lui permettre d'être le processus organique et vivant qu'elle est vraiment. Nous avons handicapé notre pensée comme le chef des mendiants qui, chaque nuit, ajoute une prothèse métallique à la jambe d'un enfant de son équipe, afin qu'il se transforme en handicapé et rapporte plus. Mais notre handicap, notre prothèse métallique, nous a été appliqué durant la journée.

Si nous devions parvenir à une culture équilibrée, un monde en équilibre, nos descendants se diraient, en se retournant sur la période actuelle, qu'elle était d'une folie singulière, une époque où la pensée évinçait les profondeurs de notre humanité remarquable.

De manière évidente, ce que j'écris sera reçu par toute personne qui le lit, au travers de la pensée en premier lieu. De ce fait, je tente de m'adresser à la pensée dans la partie où elle se trouve encore en équilibre, où notre état de plénitude est encore intact. Car en nous, il n'y a pas seulement la pensée qui est en déséquilibre avec le reste de nous-même, mais aussi la conscience que les choses ne sont pas en ordre. L'équilibre a connaissance de lui-même et est toujours reconnu potentiellement comme un état auquel nous pouvons retourner, de même que la santé a connaissance d'elle-même et nous reconnaissons lorsque nous ne sommes pas en bonne santé, bien que de manière subtile. La conscience du déséquilibre est le début du retour à l'équilibre. La pensée sait aussi quand elle ne se sent pas complètement chez elle dans la personne que nous sommes actuellement. Mais elle aura tendance, dans un premier temps, à mettre la faute sur les autres aspects de qui nous sommes, au lieu de s'examiner elle-même. *Connais-toi, toi-même*, ces paroles gravées sur le portique d'entrée de l'Oracle à Delphes, expriment une ancienne compréhension de la plénitude: soit conscient de toi-même, fais l'expérience de toi-même, deviens ami avec ton imagerie et tes sentiments, permets à ta pensée de revenir en équilibre appropriée.

Le langage et l'unification sociale

Malgré tout ce que j'ai pu dire sur la nécessité de remettre en équilibre les quatre fenêtres, il importe de ne pas perdre de vue la fonction ultime de la pensée et du langage, à savoir de nous unifier comme êtres humains dans un organisme global.

Les composants, c'est-à-dire les sociétés individuelles, se sont affrontées ces sept ou huit derniers millénaires. Elles se sont combattues, ont cherché à se devancer l'une l'autre, mais ont aussi découvert l'interdépendance. Maintenant qu'elles ont parcouru tous ces domaines extrêmes, elles sont prêtes pour l'union finale entre elles, l'ultime intégration dans une seule société d'humains.

Ce qui est essentiel dans tout ceci, c'est que nous reconnaissions les grandes lignes du tableau qui se présente et plus particulièrement que nous nous rendions conscients que certaines caractéristiques ou dispositions de la pensée et du langage engendrent des conséquences désastreuses.

Donc, une identification rigide avec un schéma de pensée ne peut intervenir qu'à notre détriment; c'est reconnaître l'expérience dont a jailli notre Être qui est essentiel. Un des langages disponibles maintenant, est profond, c'est celui de l'expérience avec les animaux qui sont nos alliés et notre ressource pour notre évolution individuelle et au bout du compte, pour nous mettre en lien complet.

J'ai quelquefois le sentiment que la période dont nous sommes en train de sortir, marquée par la réflexion concentrée et la science en point de mire, a en fait été une période de sacrifice. Nous avons sacrifié notre plénitude afin de mettre au point les mécanismes et structures qui nous permettent depuis peu, d'entrer en communication complète et instantanée avec à peu près n'importe qui dans le monde. Cette invention électronique qui se tisse dorénavant au travers de toute l'humanité a été essentielle pour passer au prochain stade dans notre évolution humaine: au mouvement menant à devenir un organisme global responsable.

Au cœur du cœur de notre vivacité

Il y a plusieurs années de cela, j'ai été amené à guider une amie dans la rencontre de ses animaux intérieurs. La session était fort prenante et complexe. Elle avait duré plus de trois heures déjà. Cette amie avait rencontré un grand mammouth laineux comme étant son animal d'enracinement. Au sein de cet animal, elle avait voyagé pour arriver à la position d'un de ses ovaires. Elle était en train d'avoir une expérience en lien avec sa propre nature procréatrice. C'est alors que j'ai eu une expérience spontanée. Je devins subitement conscient des quatre milliards d'années de ma propre évolution. Je me sentis assis au centre de ce processus. Depuis cette position, j'étais en train de regarder le moment présent. Depuis cet emplacement, ma vue était résolument profonde. Je voyais ma vie présente en relation avec ce centre. Il n'y avait pas vraiment de quoi s'inquiéter. Il n'y avait aucun besoin de s'identifier avec une culture en particulier. La culture n'était qu'un moyen d'expression de notre vivacité. Je n'étais pas le moins du monde soucieux de quoi je pouvais avoir l'air pour les autres: j'aurais tout aussi bien pu être bossu, ceci n'aurait eu aucune importance. Il n'y avait pas un soupçon de compétitivité. En fait, *qui* j'étais n'avait aucune importance. C'était l'expérience portant sur nous tous. Je me sentis d'une proximité illimitée avec tout être et forme de vie. Je ressentis également une profonde envie d'aider toutes les personnes qui avaient divorcé de ces racines afin qu'elles puissent se reconnecter. Je me suis rendu compte à quel point les gens étaient devenus perdus et solitaires en se séparant au cours de leur évolution, de cette expérience, de leur enracinement.

Il est important de reconnaître qu'au cœur de qui nous sommes, il y a des forces incroyables et profondément vivantes. Il n'y a pas besoin d'y croire. Les croyances ne sont que des fonctionnalités à la surface, de là où nous développons une perspective, une compréhension. Car si la théorie est vraie, alors il n'est pas nécessaire d'y croire. Ce qui importe, c'est de faire l'expérience du cœur des choses, et non pas d'y croire. Les animaux nous offrent une interface puissante pour entrer en contact avec ce cœur au cœur de nous-même et ils nous aident à nous en rapprocher incessamment, à être en harmonie profonde. C'est pour cela qu'il n'est pas nécessaire d'avoir une croyance.

Il est peut-être possible d'avoir des croyances qui en fait entrent en collision avec l'expérience ultime. Ne serait-il alors pas mieux de ne pas avoir de croyance du tout au lieu de s'y accrocher et qu'elles interfèrent dans notre contact avec l'Ultime? Il est évident que nous ne pouvons pas changer l'Ultime par le biais de nos croyances. Ce que nous changeons par contre, c'est notre relation avec l'Ultime. La croyance n'est en fait rien d'autre qu'une croyance de qui nous sommes, de notre relation avec l'univers.

Pour cette raison, mon orientation n'est pas de croire en quelque chose ou de m'y attacher, elle dit simplement que certaines croyances peuvent en venir à interférer avec notre expérience. Ce qui est important, c'est l'expérience et elle seule. C'est l'expérience que les animaux sont capables de nous ramener. Vivre pleinement l'expérience, c'est-à-dire activer l'énergie de vie la plus profonde en nous, le « cœur de l'énergie », voilà ce qui est important. Donc, je ne suis pas en train d'établir une théorie. J'invite les gens à faire l'expérience par eux-mêmes et de voir par eux-mêmes ce qui en résulte.

La compréhension ultime est que je suis moi-même l'énergie. Et tout ce qu'on m'a fait traverser, a formé et quelquefois déformé mon énergie. Pouvons-nous nous permettre de revenir à cette énergie originelle et lâcher prise sur ces moules dans lesquels on nous a coulés, ces formes qui en fait nous empêchent d'être en contact avec cette énergie? Nous nous trompons nous-mêmes pour coller à ces formes que l'on nous a imposées alors qu'elles constituent elles-mêmes le problème. Ce sont elles qui nous gardent prisonnier à la surface. Je suis le problème dans la mesure où je crois contrôler ce « cœur de l'énergie ». Le seul contrôle dont nous pouvons disposer par rapport à ceci, réside dans la faculté de diminuer et restreindre notre relation avec ce « cœur de l'énergie ». C'est en voulant contrôler la forme que l'égo vient à exister.

Tout système de croyance constitue une rigidité de l'orientation. Et toute croyance qui serait plus importante que l'expérience vient à détraquer l'expérience de ce cœur d'énergie profond.

Ma tâche consiste à mettre en lien ma vivacité avec la vivacité de l'Univers.

Maturité

Qui nous sommes en tant qu'adultes, a malheureusement été structuré par nos croyances portant *sur* ce que doit être un adulte! La structure par rapport à l'état d'adulte a été formée par un individu immature qui faisait des spéculations sur ce qu'est l'état d'adulte, et qui s'est empressé ensuite de correspondre à cette structure. La « maturité » selon notre culture est en fait un manque de maturité maintenu par le biais et le contrôle de la pensée.

La vraie maturité découle de la rencontre avec la totalité de qui nous sommes et d'avoir vécu la défaite de l'égo, de laisser se fondre le qui nous avons été dans la totalité de qui nous sommes vraiment. Ceci nécessite de se placer au centre des quatre fenêtres, de leur faire confiance dans la même mesure, de reconnaître que chacune d'elles est essentielle pour connaître l'univers et nous-même. Tout en sachant que qui nous sommes, tout comme l'univers, ne peut jamais être figé, mais que nous sommes dans un processus d'évolution constante. Que le mystère des origines et des destinations demeure entier, que seule l'évolution est permanente.

Si nous sommes vraiment conscients de ceci, nous ne pouvons alors plus forcer nos enfants à être matures en leur indiquant la direction dans laquelle ils doivent faire avancer leur vie pour grandir. La seule chose que nous pouvons faire avec intelligence (au propre et au figuré), c'est d'alimenter leur croissance vers être entier, leur propre plénitude. Et de faire confiance quant à leur devenir. Et d'exulter à la vue de cette émergence.

Bibliographie

Ardrey, Robert. *The Territorial Imperative: A Personal Inquiry into the Animal Origins of Propery and Nations*. New York: Atheneum, 1966.

Bierhorst, John. *The Mythology of North America*. New York: William Morrow, 1985.

Gallegos, E. S. *The Personal Totem Pole: Animal Imagery, the Chakras and Psychotherapy*. Santra Fe: Moon Bear Press, 1987, second edition 1990.

Jung, Carl G. *The Portable Jung*. Ed. Joseph Campbell. Trans. R. F. C. Hull. Penguin (Non-Classics), 1976.

Jung, C. G. *Psychological Types. Vol. 6 of The Collected Works of C. G. Jung*. Princetown University Press, 1921.

Tinbergen, N. *Fighting. Chapter 4 of Animal Aggression* edited by Charles H. Southwick. New York: Van Nostrand Reinhold Co., 1970.

Turner, Frederick. *Beyond Geography: The Western Spirit Against the Wilderness*. New Jersey: Rutgers University Press, 1983.

Vasington, Margaret. *Joe's Journey: One Man's Heroic Search for his Soul*. Unpublished manuscript

Wehr, G. *Jung: A Biography*. Berkeley: Shambhala, 1988.

Au sujet de l'auteur

Steve Gallegos dit de lui-même qu'il est en premier lieu (et encore bien après) un artisan. Il a travaillé le cuir, le bois, l'argent, le vitrail, la restauration de meubles anciens, a fait de la peinture, et récemment a taillé des dents fossilisées de morse ou encore peint des icônes russes. Il est certain que s'il n'avait pas été obligé d'aller à l'école, il serait aujourd'hui un artisan illettré et profondément satisfait. Ainsi est faite la vie.

Il est né en 1934 comme fils d'Eligio Gallegos et Katherine Powers Gallegos dans le petit village de Los Lunas, Nouveau Mexique, Etats-Unis, où il est allé à l'école et attendait avec impatience les vacances d'été. Durant un séjour dans l'Air Force américaine, il en profita pour voyager aussi souvent que possible en Europe. Il commença alors à lire beaucoup, découvrant l'apprentissage par opposition à « l'écolage ». Il décrocha ensuite un diplôme en psychologie de l'Université de Wisconsin, puis de New Mexico State University, et enfin de Florida State University. Pendant bon nombre d'années, il fut professeur en psychologie, et obtint le poste de décan en psychologie auprès de la Mercer University. Sa première résolution dans cette nouvelle fonction fut d'instaurer une rotation de la fonction de décan, annuellement. Le recteur insista pour que le rythme ne soit que tous les trois ans.

Actuellement, Steve Gallegos passe son temps à former des thérapeutes et d'autres personnes au travail avec les animaux intérieurs, présente des séminaires et écrit.

Il est directeur honoraire de l'International Institute for Visualization Research, PO Box 632, Velarde NM 87582, Etats-Unis. www.deepimagery.org

Racines psychologiques et spirituelles du Personale Totem Pole Procèss® (PTPP®)

Le PTPP® (Processus Personnel du Totem), fût découvert par E.S. Gallegos, en travaillant avec les centres énergétiques du corps humain (les chakra). Il observa que dans leur histoire et leur mythologie, les peuples indigènes de l'Amérique du Nord créent un lien entre ce qu'ils nomment Animaux de Pouvoir, souvent montrés dans les mâts totem, et les différents chakras. Dans son PTPP® Gallegos combine ce savoir ancestral avec les théories de C.G. Jung sur l'imaginaire, les archétypes, et l'inconscient collectif, et également avec les connaissances des cultures orientales sur l'importance et l'influence des chakras. Il découvrit que chaque partie de notre être profond est reliée à des animaux, et comment il est possible d'entrer en contact avec eux. Depuis 1982 Gallegos travaille avec cette méthode et expérimente le pouvoir thérapeutique exceptionnel de notre univers profond. Il enseigne le PTPP® aux États-Unis, en Europe (aussi en France) et en Australie. Il est également auteur de plusieurs livres sur ce sujet:

The Personal Totem Pole – Animal Imagery, the Chakras and Psychotherapy (1987) Moon Bear Press

Animals of the four windows – Integrating thinking, sensing, feeling and Imagery (1992), Moon Bear Press

Little Ed & Golden Bear - A fairy tale for youngers and olders (1993), Moon Bear Press

Into Wholeness – The Path of Deep Imagery (2004), Moon Bear Press

Tim Besserer
Reinheim, Allemagne
Avril 2010

Tim Besserer, d'origine franco-allemande, est formé par E.S. Gallegos comme « Imagery Guide » et « Workshop Leader ». Il est également professeur de yoga diplômé et photographe professionnel (www.TimBesserer.com). En 2006 Tim a établi le PTPP® en France où il organise régulièrement des séminaires en Français avec Dr. Patrick Baudin.

––––––––––––

Accueillir, saluer et écouter les animaux de pouvoir décrits par le monde chamanique est possible et accessible à tous, et peut largement contribuer à nous redonner notre véritable identité d'êtres vivants non-seulement faits de matière, mais disposant également d'un « esprit » voyageur au-delà du monde matériel.

Nous comprendrons du même coup que ces animaux « intérieurs » nous aident à assumer notre plein pouvoir, au sens de puissance à être nous-mêmes.

Découvrir que des animaux représentatifs d' « énergies » particulières peuvent nous enseigner, nous aider à trouver des réponses à l'intérieur de nous-mêmes, est une extraordinaire expérience, et ramène chacun à plus d'authenticité, lui redonnant ainsi son identité propre, sa « médecine originelle », comme les Amérindiens aiment à le dire.

Depuis 2006, j'ai l'immense plaisir de travailler régulièrement avec Tim Besserer, l'un des élèves d'Eligio Stephen Gallegos, Ph. D. et créateur du Personal Totem Pole Process®, et ce merveilleux outil de connaissance de soi et du monde vient compléter harmonieusement et enrichir en douceur mon propre travail, principalement fondé sur la Respiration Holotropique et les Quatre Voies de l'Initiation Chamanique, respectivement créés par Stan Grof et Angeles Arrien.

Retrouver qui nous sommes, dans notre dimension unique et particulière, et dans notre dimension transpersonnelle, est essentiel pour l'avenir du monde.

L'Ecologie, c'est avant tout l'humain lui-même. Et c'est d'abord en respectant notre propre nature que nous en viendrons à respecter vraiment la Terre.

Le Processus Personnel du Totem découvert par Steve Gallegos correspond pleinement à cette ambition et peut aujourd'hui être considéré comme un outil majeur du Développement Personnel et Transpersonnel.

Patrick Baudin
Docteur en Médecine
Psychothérapeute d'orientation Transpersonnelle
Facilitateur en Respiration Holotropique

APPENDICE A

Formation et certification en Processus de Totem Personnel

La formation en Processus de Totem Personnel est basée sur une compréhension, dont le fondement pour chaque thérapeute est son évolution personnelle. On n'enseigne pas simplement à chaque individu un certain nombre de techniques, qui peuvent être appliquées d'un point de vue intellectuel, mais on attend de lui ou d'elle d'entreprendre son évolution interne personnelle avec un sérieux et un engagement qui assurent que sa capacité éventuelle pour le Processus de Totem Personnel provient de son expérience personnelle, plutôt que de l'application d'une formule intellectuellement acquise.

La certification est proposée à trois niveaux différents : Core Curriculum en Processus de Totem Personnel est un engagement de trois ans, consistant en l'équivalent de douze jours entiers par an.

La formation de la première année apporte les bases théoriques et les procédures régissant le travail avec les animaux de pouvoir et une quantité minimale d'expérience pour l'utiliser.

La seconde année implique une expérience extensive pour développer une relation entre le savoir par l'intuition et les quatre modes de connaissance : pensée, ressenti, perception et imagerie. La troisième année est passée à développer des compétences en travaillant avec deux personnes simultanément, avec leurs animaux de pouvoir et leurs animaux des quatre modes de connaissance, en explorant leur relation.

La formation de Guide en Processus de Totem Personnel amène l'individu ayant expérience, instruction et le but d'aider les autres à évoluer, au point où il peut démontrer avoir les compétences suffisantes pour conduire des ateliers de groupe dans le Processus de Totem Personnel.

La certification de Formateur procure la préparation adaptée pour autoriser l'individu à en former d'autres pour appliquer et utiliser le Processus de Totem Personnel.

Pour une liste plus détaillée des conditions pour chaque niveau de certification, pour les dates et lieux de formation merci d'écrire à l'adresse ci-dessous.

Une liste de personnes ayant obtenu la certification en Processus de Totem Personnel peut être obtenue à la même adresse. L'International Institute for Visualization Research, une organisation éducative et de recherche non lucrative, publie un journal internet occasionnel, The eTotem Pole, qui retrace les événements et les développements en Processus de Totem Personnel et sujets connexes, et publie des voyages soumis par des personnes.

IIVR
PO Box 632
Velarde, NM 87582
www.deepimagery.org
www.facebook.com/deepimagery

SITES WEB UTILES :

En En Allemagne :

www.tiefimagination.de
www.krafttierreisen.de

En Autriche :
www.tiefenimagination.net

En Australie:
www.deepimagery.com.au

LIVRES SUR L'IMAGERIE DE MOON PRESS EDITION:

Control and Obedience : The Human Illness
Par E.S. Gallegos Ph.D. (2014)

Living Chakras : Gathering Wholeness
Par E.S. Gallegos Ph.D. (2014)

Nothing is Nothing (un roman)
Par E.S. Gallegos Ph.D. ISBN 978-0944164242

Personal Totem Pole Process: Imagerie animale, Chakras et Psy-chothérapie Par E.S. Gallegos Ph.D. ISBN 0-944164-42-0 (2013)
l'édition française.

The Personal Totem Pole Process: Animal Imagery, the Chakras and Psychotherapy
Par E.S. Gallegos Ph.D. Kindle Edition (2012)

Animals of The Four Windows: Integrating Thinking, Sensing, Feeling and Imagery
Par E.S. Gallegos Ph.D. ISBN: 0944164404

Into Wholeness: The Path of Deep Imagery
Par E.S. Gallegos Ph.D. ISBN 978-0944164228

Little Ed and Golden Bear
Par E.S. Gallegos Ph.D. ISBN 978-0944164068

Dancing in my Grandfather's Garden: Unearthing the Soul of the Feminine and the Gift of Deep Imagery, Moon Bear Press, 2012, par Phyllis Brooks Licis.

The Circus Cage: A Journey of Transformation
Par Rosalie G. Douglas. ISBN 978-0944164020

Seeds of Enlightenment: Death, Rebirth, and Transformation through Imagery, Par Rene Pelleya-Kouri. ISBN: 0944164161

AUTRES LIVRES RELATIFS A L'IMAGERIE PROFONDE OU AU PROCESSUS DE TOTEM PERSONNEL:

Beginning With The End: A Memoir of Twin Loss and Healing, Vantage Point Books, 2012, par Mary R. Morgan

The World is a Waiting Lover: Desire and the Quest for the Beloved, New World Library, 2005, par Trebbe Johnson.

Imagery in You: Mining for Treasures in Your Inner World, Outskirts Press, 2006, par Jenny Garrison.

Kinder entdecken ihre innere Kraft: Integrative Imaginationsarbeit, Arbor-Verlag, 2007, par Christian Lerch.

Frage dein Krafttier: Heilende Botschaften für alle Lebenslagen, Kosel-Verlag, 2006. par Patricia Rüesch.

APPENDICE B
Préface de l'édition d'origine.

J'étais parti en voyage lorsque notre bébé est décédé, soudainement et sans signe avant-coureur. Mon épouse Kay était avec lui.
Elle l'avait couché sur le canapé pendant qu'elle lisait le journal
et vingt minutes plus tard il était mort. Je suis revenu immédiatement et suis arrivé quelques 13 heures après le décès. Kay était
dans un tourbillon, se demandant ce qu'elle aurait bien pu faire
autrement, se représentant différents scénarios qui lui auraient
peut-être évité la mort, réfléchissant à ce qu'elle aurait pu entreprendre pour éviter son décès: « Que serait-il arrivé si…Si j'avais
au moins…Pourquoi n'ai-je pas…Qu'ai-je fait…etc. » J'ai vu ce
qu'elle subissait. Je lui ai dit: « Parle à ta pensée. Dis-lui que tu
apprécies ses efforts pour imaginer tout cela mais qu'il n'y a rien
à imaginer. Le bébé est mort et rien n'y pourra changer quoi que
ce soit. Dis à ta pensée que le meilleur service qu'elle puisse te
rendre maintenant, c'est de t'aider au travers de l'expérience que
tu dois faire maintenant, de t'aider à ressentir pleinement tous
les sentiments que tu as, et de t'aider à grandir à partir de cet
évènement. Demande à ta pensée si elle serait disposée à t'aider

de cette manière. » C'est ce qu'elle fit et elle se sentit soulagée immédiatement. Sa pensée arrêta d'essayer de prendre les rênes. Elle réalisa que son seul rôle possible était de venir en aide et que d'autres aspects de Kay allaient se charger de gérer la situation.

C'était une situation où la pensée ne savait pas quoi faire. Les domaines de la vie et de la mort ne sont pas de son ressort, et dans de telles situations elle ne peut que prendre sa place en position de soutien. Tout autre manière de faire ne fait qu'aggraver la situation, car monopolise l'attention et de ce fait l'empêche d'aller où elle a besoin d'aller, dans le cas présent auprès des sentiments. La pensée nous protège de la souffrance, mais il y a des fois où elle doit nous permettre et nous aider à rentrer de plein pied dans le sentiment de souffrance qui est déjà présent.

Pendant les sept mois qui ont suivi, nous avons fait aussi pleinement que possible le deuil de ce petit garçon. Les sentiments venaient par vagues, en particulier quand nous pensions à différents aspects de sa personne, ou quand nous voyions des habits qu'il avait eus ou encore des cadeaux qu'il avait reçus. Nous sommes entrés pleinement dans les sentiments tels qu'ils se présentaient et nous nous sommes permis de pleurer et ressentir le chagrin ouvertement. Nous avons organisé des cérémonies en mémoire de son passage et avons construit un petit autel où nous avons déposé différents objets qui lui avaient appartenu. L'autel demeure actuellement encore sur une caisse de livres proche du pupitre sur lequel j'écris.

C'était un beau petit garçon, fort et alerte, avec un bon appétit. Il avait constitué le centre de notre vie et nous nous sommes rendu compte du vide qu'il laissait de par son absence. J'ai demandé à la situation qu'elle me fasse grandir autant que je puisse le faire et j'étais prêt à rencontrer en face directement toute expérience nécessaire à ce que sa mort, tout comme auparavant sa naissance l'avait fait, puisse me faire grandir et changer complètement.

Une chose que j'ai apprise de lui est que le décès peut être un évènement aussi beau que la naissance. La manière dont il est parti, avec autant de facilité et de grâce, sans résistance et sans s'accrocher à quoi que ce soit de ce monde, était tellement différente de ma propre manière de me battre avec la peur de mourir, cette crainte, cette terreur quand cela m'arriverait à moi. En fait, c'était assez paradoxal. Autant je l'avais aimé et je ressentais la douleur de sa perte, autant il me paraissait étrange de raconter aux gens avec quelle beauté il était mort.

C'était environ quatre mois plus tard, alors que j'étais en train d'enseigner une classe avancée sur l'usage de l'imagerie animale en psychothérapie. Un des étudiants était en train de me guider au travers d'un voyage ouvert. Je n'avais pas la moindre idée de qui j'allais rencontrer et n'avais pas d'agenda préétabli. Au moment où j'ai formulé l'appel en moi et demandé « Quel que soit l'animal qui a le plus besoin de me rendre visite, qu'il veuille bien se présenter », j'ai immédiatement vu Coyote qui était assis sur une pierre plate au sud de l'Utah. J'avais rencontré Coyote l'été d'avant lors d'une quête de vision. Il n'avait pas arrêté de tourner autour de mon cercle d'énergie durant la dernière nuit de ma retraite individuelle, et je me suis endormi avec la peur qu'il vienne durant la nuit planter ses dents féroces dans ma gorge et que j'allais mourir égorgé. Le lendemain, après que j'aie passé en revue la peur ressentie le soir d'avant, il est venu vers moi et m'a gentiment léché la gorge. Maintenant que je le revoyais assis devant moi sur le rocher rond, je lui demandai: « Coyote, que doit-il arriver maintenant? »

Il m'a répondu « viens hurler avec moi », et j'ai vu alors qu'il était assis penché sur la tombe de mon enfant. Je partis immédiatement en sanglots très profonds. Nous avons, lui et moi, passé un long moment ainsi à pleurer en deuil. Puis, Coyote me dit: « Tu as pleuré et fait le deuil de ton enfant pleinement, mais quand il est décédé, il y eut aussi une partie de toi qui est morte. Ce deuil-ci était pour la partie en toi qui est aussi décédée. »

Nous avons hérité d'un mode culturel dans lequel la pensée est considérée comme supérieure aux autres manières de connaître.

Nous sommes de ce fait amenés et réduits à toujours chercher les solutions à nos problèmes au travers de la pensée. Quand nous sommes menacés, nous réfléchissons compulsivement à quoi faire. Pour tout souci, c'est la réflexion qui prend la position dominante et nous sommes intimement convaincus que les pensées doivent nous apporter la solution à ce souci. La pensée est si omniprésente qu'il ne nous vient même pas à l'idée qu'il existe d'autres modes de connaissances qui seraient peut-être plus appropriés, plus compétents dans la situation dans laquelle nous nous trouvons. Mais la réflexion ne fait que fonctionner comme elle a été conditionnée à le faire. Elle exécute ce qu'on lui a appris à faire sans se demander en premier lieu, si la pensée est le moyen adéquat.

Nous n'avons pas créé cette culture. En fait, dans une trop large mesure, c'est elle qui nous a créés; mais maintenant, nos vies au plus profond de nous, et au-delà même l'humanité elle-même, dépendent de notre capacité à retrouver l'endroit en nous où la connaissance n'est pas soumise à distorsion et où la réflexion n'est pas prise pour la connaissance elle-même. Cet endroit où les quatre modes de connaissance peuvent se remettre en équilibre. Si nous ne parvenons pas à cet endroit, notre terre bien aimée ainsi que la recherche humaine de liberté pour les individus, vont cesser d'exister.

Le défi se décline de manière individuelle. Nous sommes tous invités, de manière individuelle et personnelle, à entreprendre et atteindre ce rééquilibrage. En procédant ainsi, nous retournerons, individuellement et personnellement, à notre centre naturel, et la culture va évoluer spontanément vers l'endroit où, plutôt que de perpétuer le déséquilibre, ce sera la plénitude qui s'étendra.

Nous avons tous eu envie de retrouver ce point d'équilibre et de recentrage. Il n'a pas arrêté de nous attirer même si nous ne savions pas quelle était cette force qui nous attirait ou vers quoi

elle nous menait. Si nous pouvions en faire l'expérience pleinement, nous l'apprécierions plus que tout autre accomplissement.